Md. Mainur Rahman Tarafder

Evolução Experimental do Microprocessador PENTIUM utilizando diferentes PPI Dev. para MIN Run Time

Md. Mainur Rahman Tarafder

Evolução Experimental do Microprocessador PENTIUM utilizando diferentes PPI Dev. para MIN Run Time

Imprint
Any brand names and product names mentioned in this book are subject to trademark, brand or patent protection and are trademarks or registered trademarks of their respective holders. The use of brand names, product names, common names, trade names, product descriptions etc. even without a particular marking in this work is in no way to be construed to mean that such names may be regarded as unrestricted in respect of trademark and brand protection legislation and could thus be used by anyone.

Cover image: www.ingimage.com

Este livro é uma tradução do original publicado sob ISBN 978-613-9-89729-2.

Publisher:
Sciencia Scripts
is a trademark of
International Book Market Service Ltd., member of OmniScriptum Publishing Group
17 Meldrum Street, Beau Bassin 71504, Mauritius
Printed at: see last page
ISBN: 978-620-3-48089-4

Conteúdos

Capítulo 1

INTRODUÇÃO

1.1 Visão geral

O objectivo deste projecto é desenvolver um Kit Educativo (EduKit) para professores e estudantes de diferentes disciplinas em ciência e engenharia. O EduKit é baseado em módulos onde o controlador está no módulo principal ou placa mãe e cada um dos outros módulos ou placa filha relaciona-se com vários tipos de aplicação de engenharia. A placa-mãe e a placa-filha podem ser facilmente ligadas para executar uma aplicação específica. Isto irá ajudá-los a familiarizarem-se e programarem facilmente um micro-controlador e depois torná-los capazes de desenvolver uma aplicação do mundo real. Também ajudará as pessoas das indústrias e organizações de investigação a desenvolver protótipos das suas aplicações baseadas em micro-controladores de uma forma fácil e rápida. Aqui descrevemos as direcções pretendidas e os resultados projectados [1].

1.2 Antecedentes e estado actual do problema

Actualmente, o Micro-controlador (MCU) está a ser amplamente utilizado em quase todos os campos da ciência e engenharia. O conhecimento do MCU, que em tempos foi monopólio dos Engenheiros Electrotécnicos e Electrónicos, tem agora uma procura para as pessoas de todas as disciplinas da ciência e da engenharia. É também a exigência da ABET que os estudantes de engenharia devem demonstrar um conhecimento da aquisição, processamento e controlo de dados em que a utilização de computadores, microprocessadores, são essenciais [1]. Por conseguinte, está a ser introduzido em diferentes Universidades, Faculdades e Escolas [2-3] um forte currículo em torno das MCUs em vários níveis de ensino. Para uma implementação bem sucedida dos cursos de MCU em todos os níveis de educação requeridos, é essencial ter EduKits adequados para ensinar e aprender programação de micro-controladores, bem como para o desenvolvimento de aplicações em tempo real [4-5]. Estão disponíveis no mercado diferentes tipos de ferramentas de formação para o ensino e aprendizagem de micro-controladores a partir de diferentes empresas fabricantes de microprocessadores, bem como de empresas terceiras [6]. Por exemplo: Motorolla, Intel, microchip, Zilog, Atmel, etc. oferecem placas de formação de microprocessadores com diferentes características. Os componentes são montados numa placa de circuito impresso (placa de circuito impresso) de grande tamanho. Os iniciantes no microprocessador podem facilmente entrar em pânico e afogar-se em desilusão com a visão de componentes de crowdy numa única placa de circuito impresso [7]. Assim, há âmbitos de investigação para o desenvolvimento de placas educativas de microprocessador com as seguintes características: (i) levar os estudantes dos princípios básicos à prática da programação de Microprocessadores (ii) adequar-se às pessoas de diferentes disciplinas da ciência e da engenharia. O utilizador pode seleccionar e comprar os quadros-filhas da aplicação com base nos seus antecedentes e capacidade (iii) de o tornar simples e acessível a baixo custo.

1.3 Objectivo com objectivos específicos e possíveis resultados

O objectivo do projecto é desenvolver um Edukit baseado num módulo para a educação de micro-controladores.

O trabalho do projecto centrar-se-á nos seguintes objectivos:

1. Desenvolver uma placa-mãe para os EduKits utilizando o Microprocessador da Arquitectura PENTIUM.

2. Desenvolver uma série de placas-filhas para o desenvolvimento de diferentes aplicações.

3. Desenvolver uma tábua nua para fins de prática de design.

1.4 Organização do Projecto

O capítulo 1 do presente relatório descreve a visão geral deste projecto. Os fundamentos deste projecto são descritos no Capítulo 2. O Capítulo 3 deste relatório descreve a metodologia proposta para a implementação deste projecto. O Capítulo 4 descreve como utilizar o conselho mãe, conselho filha e ilustra os resultados experimentais do sistema proposto. No Capítulo 5 foram declaradas as conclusões e recomendações para trabalhos futuros.

O relatório do projecto termina com um apêndice que contém o código do programa da placa filha.

Capítulo 2

REVISÃO BIBLIOGRÁFICA

2.1 Microprocessador

Os microprocessadores de uso geral não contêm RAM, nem ROM e nem portas de E/S no próprio chip. Os microprocessadores contêm processador, RAM, ROM, portas de E/S, temporizador, ADC e outros periféricos num único chip. No sistema incorporado existem microprocessadores e microprocessadores amplamente utilizados.

Existem quatro grandes microprocessadores de 8 bits. Eles são o 6811 da Motorola, o PENTIUM da Intel, o Z8 da Zilog e o PIC do Microchip. Cada um destes Microprocessadores tem um conjunto de instruções e um conjunto de registos únicos; por conseguinte, não são compatíveis uns com os outros. Os programas escritos para um não funcionarão nos outros. Existem também Microprocessadores de 16 bits e 32 bits feitos por vários fabricantes de chips.

Neste projecto escolhemos PENTIUM (AT89S51) pela sua relação custo-eficácia, disponibilidade de ferramentas de desenvolvimento de software e ampla disponibilidade no mercado.

2.2 Diodo Emissor de Luz (LED)

Um díodo emissor de luz (LED) é uma fonte de luz semicondutora. Os LED são utilizados como lâmpadas indicadoras em muitos dispositivos e são cada vez mais utilizados para outra iluminação. Aparecendo como componentes electrónicos práticos em 1962, os primeiros LEDs emitiam luz vermelha de baixa intensidade, mas estão disponíveis versões modernas através dos comprimentos de onda visíveis, ultravioletas e infravermelhos, com um brilho muito elevado.

Os diodos emissores de luz (LED) são os componentes mais commmente utilizados, geralmente para exibir estados digitais de pinos. Os usos típicos dos LEDs incluem dispositivos de alarme, temporizadores e confirmação da entrada do utilizador, tais como um clique do rato ou um toque de tecla.

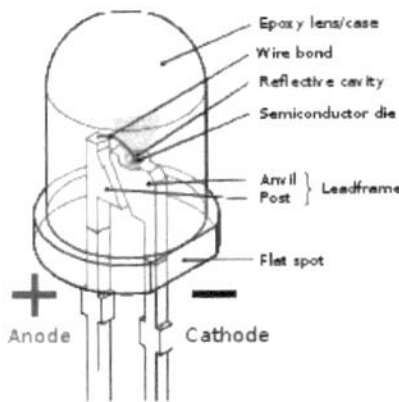

Figura 2-21: Partes de um LED

Os dois terminais de LEDs são ânodo (+) e cátodo (-) e podem ser identificados pelo seu tamanho. A perna mais longa é o terminal ou ânodo positivo e a mais curta é o terminal negativo.

Figura 2-22: Diferentes formas e tamanhos de
LED

2.3 Exibição em sete segmentos

Um visor de sete segmentos é o dispositivo electrónico mais básico que pode exibir dígitos de 0-9. Encontram ampla aplicação em dispositivos que exibem informação numérica como relógios digitais, rádio, fornos de microondas, contadores electrónicos, etc. A configuração mais comum tem um conjunto de oito LEDs dispostos num padrão especial para exibir estes dígitos. Estão dispostos como um número '8' ao quadrado. A cada LED é atribuído um nome de 'a' a 'h' e é identificado pelo seu nome. Sete LEDs 'a' a 'g' são utilizados para exibir os algarismos, enquanto o oitavo LED 'h' é utilizado para exibir o ponto/decimal.

Figura 2- 3: Exibição em sete segmentos

Basicamente, existem dois tipos de expositores de 7-Segmentos:

1. Catódico comum onde todos os segmentos partilham o mesmo catódico.

2. Ânodo comum onde todos os Segmentos partilham o mesmo Ânodo.

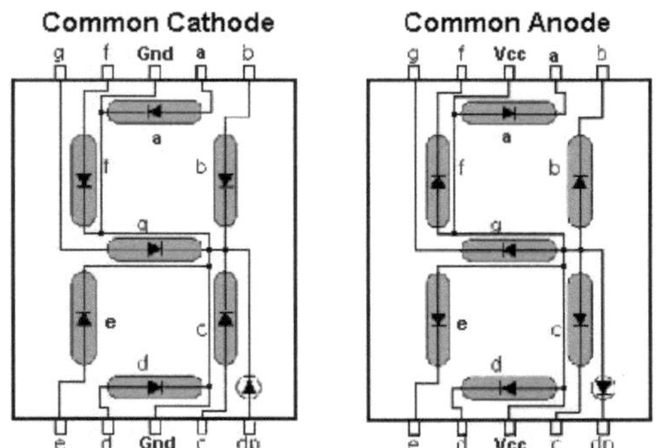

Figura 2- 4: Tipos de 7 segmentos de exposição

2.4 Ecrã matricial de pontos

Num visor de matriz de pontos, vários LEDs são ligados entre si em filas e colunas. Isto é feito para minimizar o número de pinos necessários para os conduzir. Por exemplo, uma matriz 8×8 de LEDs (mostrada abaixo) precisaria de 64 pinos de E/S, um para cada pixel de LED. Ao ligar todos os ânodos juntos em filas (R1 a R8), e catodos em colunas (C1 a C8), o número necessário de pinos de E/S é reduzido para 16. Cada LED é endereçado pelo seu número de fila e coluna. Na figura abaixo, se R4 for puxado alto e C3 for puxado baixo, o LED na quarta fila e na terceira coluna

7

será ligado. Os caracteres podem ser exibidos por varrimento rápido de linhas ou colunas.

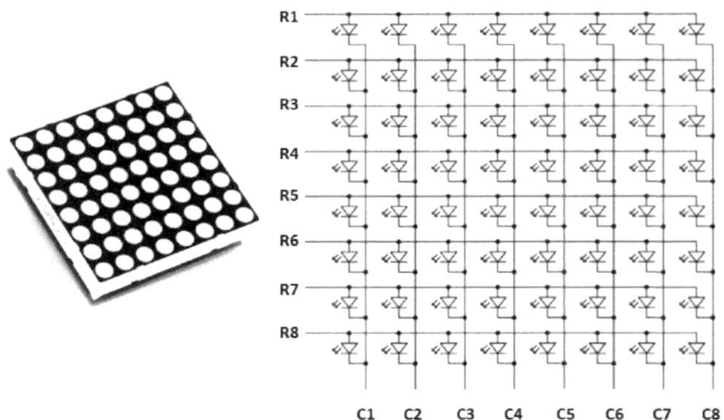

Figura 2- 5: Estrutura de uma matriz de pontos
LED 8x8

2.5 Ecrã de cristais líquidos (LCD)

O ecrã LCD (Liquid Crystal Display) é um módulo de visualização electrónica e encontra uma vasta gama de aplicações. Um ecrã LCD 16x2 é um módulo muito básico e é muito comumente utilizado em vários dispositivos e circuitos. Estes módulos são preferidos em vez de sete segmentos e outros LEDs multi-segmento. As razões são as seguintes: Os LCDs são económicos; facilmente programáveis; não têm limitação de exibir caracteres especiais e até personalizados (ao contrário de sete segmentos), animações e assim por diante.

Um LCD 16x2 significa que pode exibir 16 caracteres por linha e existem 2 linhas deste tipo. Neste LCD cada caracter é exibido em matriz de 5x7 pixels. Este LCD tem dois registos, a saber, Comando e Dados.

O registo de comando armazena as instruções de comando dadas ao LCD. Um comando é uma instrução dada ao LCD para fazer uma tarefa predefinida como inicializá-lo, limpar o seu ecrã, definir a posição do cursor, controlar a visualização, etc. O registo de dados armazena os dados a serem exibidos no LCD. Os dados são o valor ASCII do carácter a ser exibido no LCD.

2.6 Teclado Matrix

Os teclados fazem parte do IHM ou da Interface Homem-Máquina e desempenham um papel realmente importante num pequeno sistema incorporado onde a interacção humana ou o input humano é necessário. Os keypads matriciais são bem conhecidos pela sua arquitectura simples e facilidade de interface com qualquer Microprocessador.

A construção de um teclado é realmente simples. De acordo com o esquema mostrado na figura abaixo, temos quatro linhas e quatro colunas. Entre cada linha sobreposta de linhas e colunas existe uma chave.

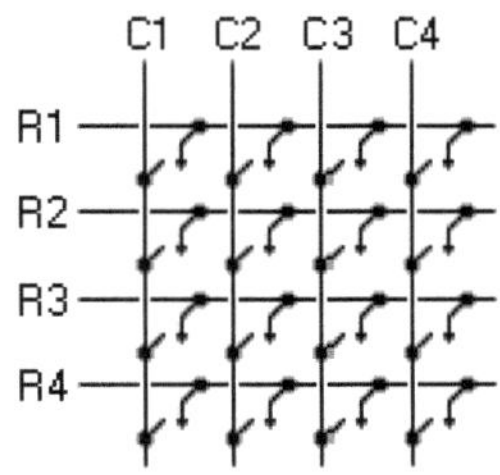

Figura -26: Teclado Matrix

2.7 ANALÓGICO DIGITAL PARA CONVERSOR (ADC)

Os ADCs (conversores analógico-digitais) estão entre os dispositivos mais utilizados para a aquisição de dados. Uma quantidade física, como temperatura, pressão, humidade, velocidade, etc., é convertida em sinais eléctricos (tensão, corrente) usando um dispositivo chamado transdutor, ou sensor. Precisamos de um conversor analógico-digital para traduzir os sinais analógicos para números digitais, para que o Microprocessador os possa ler.

Dispositivo ADC comummente utilizado - ADC0804

2.8 Comunicação em série

A comunicação de dados em série utiliza dois métodos, assíncrono e síncrono. O método síncrono transfere um bloco de dados (caracteres) de cada vez, enquanto que o método assíncrono transfere um único byte de cada vez. Existem chips IC especiais feitos por fabricantes para a comunicação de dados em série. Estes chips são geralmente referidos como UART (Universal Asynchronous Receiver Transmitter) e USART (Universal Synchronous Receiver Transmitter Asynchronous). O chip PENTIUM tem uma UART incorporada   . A UART é uma das interfaces básicas que proporciona uma comunicação simples e fiável entre um controlador e outro controlador ou entre um controlador e um PC.

A comunicação assíncrona de dados em série é amplamente utilizada para transmissões orientadas para caracteres, enquanto que as transferências de dados orientadas para blocos utilizam o método síncrono. No método assíncrono, cada caracter é colocado entre os bits de início e de paragem. A isto chama-se enquadrar. O bit de início é sempre um bit, mas o bit de paragem pode ser um ou dois bits. O bit de início é sempre um 0 (baixo) e o(s) bit(s) de paragem é(são) 1 (alto).

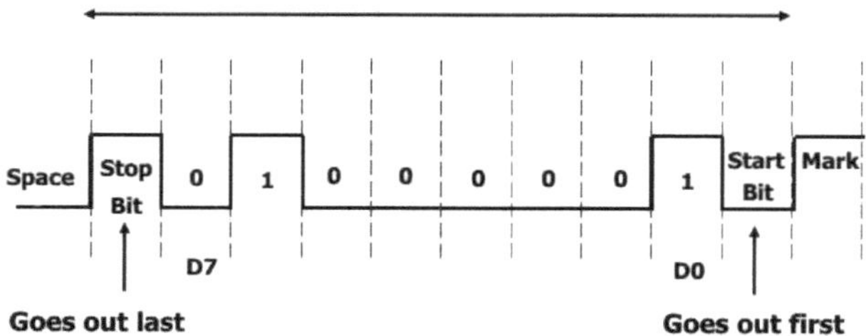

Figura 2- 7: Enquadramento ASCII "A" (binário
de 8 bits 0100 0001)

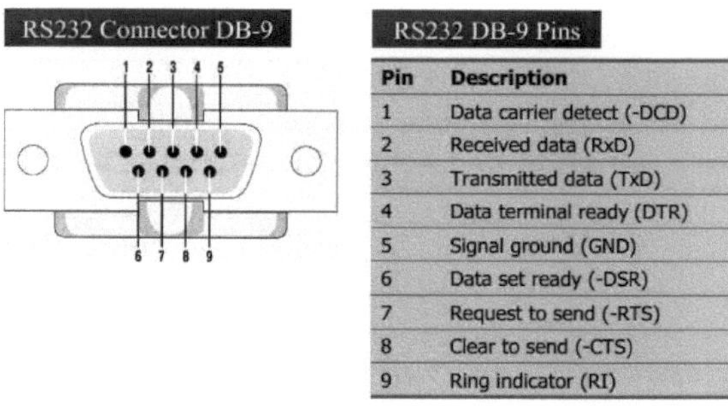

Figura 2- 7: Conector DB9

Normalmente todos os CI digitais funcionam em níveis de tensão TTL ou CMOS que não podem ser utilizados para comunicar através do protocolo RS-232. Em RS-232, um 1 é representado por -3 ~ -25 V, enquanto um 0 bit é +3 ~ +25 V, tornando -3 a +3 indefinido. Assim, é necessário um conversor de tensão ou nível que possa converter TTL para RS232 e RS232 para níveis de tensão TTL. O conversor de nível RS-232 mais utilizado é o MAX232. Este IC inclui uma bomba de carga que pode gerar níveis de tensão RS232 (-10V e +10V) a partir de uma fonte de alimentação de 5V. Também inclui dois receptores e dois transmissores e é capaz de comunicação UART/USART full-duplex.

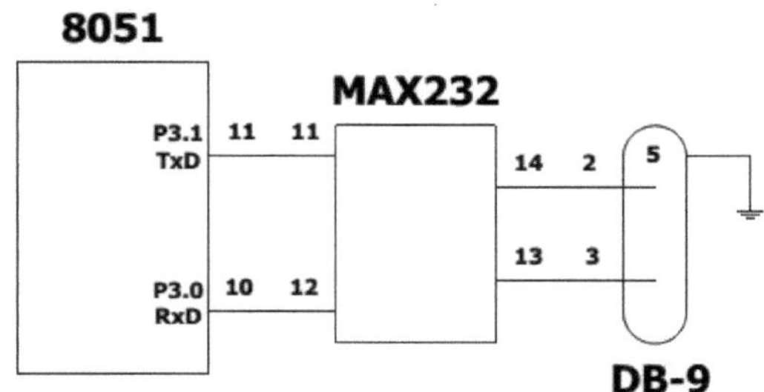

Figura 2- 8: Ligação MAX232 ao PENTIUM

2.9 Motor CC

Um motor de corrente contínua (CC) é um dispositivo amplamente utilizado que traduz impulsos eléctricos em movimento mecânico. Isto é conseguido forçando a corrente através de uma bobina e produzindo um campo magnético que gira o motor. No motor de corrente contínua temos apenas cabos + e -. Ligando-os, uma fonte de tensão dc move o motor numa direcção. O motor de corrente contínua move-se continuamente. Há muitas coisas que podemos fazer com o nosso motor de corrente contínua quando interagimos com um microprocessador. Por exemplo, podemos controlar a velocidade do motor, podemos controlar a direcção da rotação.

Figura -29: Motor CC

Direcção

Mudar a direcção de rotação de um motor CC é muito simples: basta inverter a polaridade.

Velocidade

A velocidade é um pouco mais complicada. Muitos principiantes tentariam abrandar um motor reduzindo a sua voltagem com uma resistência variável ou outras formas. Isto não funciona bem, porque não só reduz a velocidade do motor, como também reduz a força do motor, ao mesmo tempo que consome muita electricidade à medida que grandes quantidades de calor são geradas pela resistência.

Uma maneira muito melhor é utilizar um dispositivo PWM (Pulse-width modulation).

2.10 Motor passo-a-passo

Um motor de passo é um motor eléctrico sem escovas e síncrono que converte impulsos digitais em rotação mecânica do eixo. Cada rotação do motor de passo é dividida num número discreto de passos, e o motor deve ser enviado um impulso separado para cada passo.

Figura 2- 10-1010: Motor passo-a-passo

Capítulo 3

Metodologia

3.1 Introdução

Para uma implementação bem sucedida dos cursos MCU em todos os níveis de ensino necessários, é essencial ter EduKits adequados para ensinar e aprender programação de micro-controladores, bem como para o desenvolvimento de aplicações em tempo real. Deve ser acessível, fácil de utilizar e flexível. As secções seguintes descrevem a motivação do Edukit proposto, a concepção conceptual do Edukit, a utilização do EduKit e os seus benefícios.

3.2 Motivação para o EduKit proposto

Estão disponíveis no mercado diferentes tipos de ferramentas de formação para o ensino e aprendizagem de micro-controladores a partir de diferentes empresas fabricantes de microprocessadores, bem como de empresas terceiras. Por exemplo: Motorola, Intel, microchip, Zilog, Atmel, etc. oferecem placas de formação de microprocessadores com diferentes características. Contudo, as placas foram desenvolvidas com base no conceito de que os utilizadores estão a ter conhecimentos de Engenharia Electrónica ou Informática. As aplicações que as placas podem facilitar a implementação estão orientadas para a referida área de engenharia que pode não ser adequada para explicar aos utilizadores de outras disciplinas. Os componentes necessários para as aplicações são montados num único PCB (placa de circuito impresso) de grande tamanho. Os iniciantes em microprocessadores podem facilmente entrar em pânico e afogar-se em desilusão com a visão de componentes de multidão numa única placa de circuito impresso.

Foi proposto um EduKit baseado em módulos para familiarização e programação de Microprocessador. O Microprocessador e alguns componentes muito comuns tais como interruptores, fonte de alimentação, conectores, etc., montados na placa mãe. Os componentes necessários para desenvolver diferentes aplicações montadas na respectiva placa filha, que podem ser ligados à placa mãe para executar a aplicação.

3.3 Desenho conceitual do Edukit

O microprocessador da Arquitectura PENTIUM foi escolhido para o projecto devido ao seu baixo custo, simplicidade, disponibilidade e muitas outras características atractivas.

A figura 3.1 mostra um desenho conceptual do Edukit onde 1(a), 1(b) e 1(c) indica uma amostra de prancha mãe, prancha filha e prancha nua, respectivamente. A placa-mãe será equipada com processador AT89S51, fonte de alimentação e componentes comuns normalmente utilizados para diferentes tipos de aplicações, tais como resistências, condensadores, interruptores, e conectores. Os componentes comuns na placa-mãe foram indicados por C1, C2, C3, C4, etc. Existem conectores fêmeas em torno da periferia da placa-mãe. A placa mãe está equipada com componentes necessários para desenvolver uma aplicação específica, conforme indicado por c-1, c-2, c-3, etc. Tem conectores macho em torno da periferia. A placa-mãe e a placa filha podem ser facilmente encaixadas e retiradas através dos conectores. A placa nua está sem quaisquer componentes. Os estudantes podem utilizar esta placa para implementar a sua própria ideia.

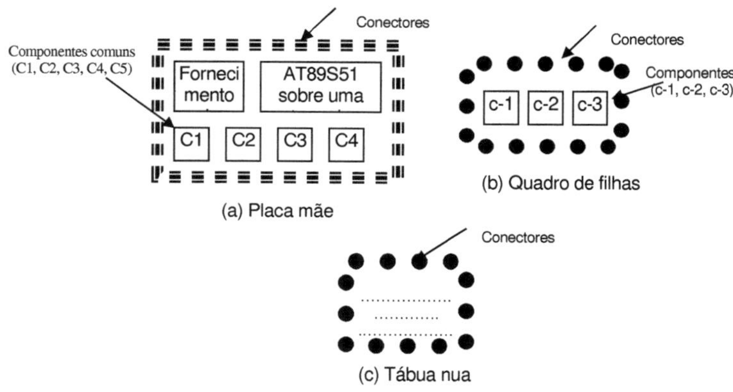

Figura 3-1: Placa mãe conceptual e placa filha do EduKit proposto

3.4 Dispositivos utilizados para o sistema proposto

3.4.1 AT89S51 Microprocessador

O AT89S51 é um microprocessador CMOS de 8 bits de baixa potência e alto desempenho com 4K bytes de memória Flash programável In-System. O dispositivo é fabricado utilizando a tecnologia de memória não volátil de alta densidade da Atmel e é compatível com o conjunto de instruções padrão da indústria 80C51 e pin out. O Flash on-chip permite que a memória do programa seja reprogramada no sistema ou por um programador de memória não volátil convencional. Combinando um versátil CPU de 8 bits com In-System Programmable Flash num chip monolítico, o Atmel AT89S51 é um poderoso Microprocessador que fornece uma solução altamente flexível e rentável para muitas aplicações de controlo incorporadas.

Características:

- Compatível com os produtos MCS-51

- 4K Bytes de Memória Flash Programável (ISP) In-System

- Resistência: 1000 Ciclos de Escrita/Erase

- 4.0V a 5.5V Gama de funcionamento

- Operação totalmente estática: 0 Hz a 33 MHz

- Bloqueio de memória de programa de três níveis

- 128 x 8 bits RAM interna

- 32 Linhas de E/S programáveis

- Dois temporizadores/contadores de 16 bits

- Seis Fontes de Interrupção

- Canal UART Serial Duplex completo

- Modos de marcha lenta e de baixo consumo de energia

- Interromper a recuperação a partir do modo Power-down

- Temporizador Watchdog

- Ponteiro duplo de dados

- Bandeira de desligamento

- Tempo de Programação Rápido

- Programação flexível de ISP (Byte e Modo Página)

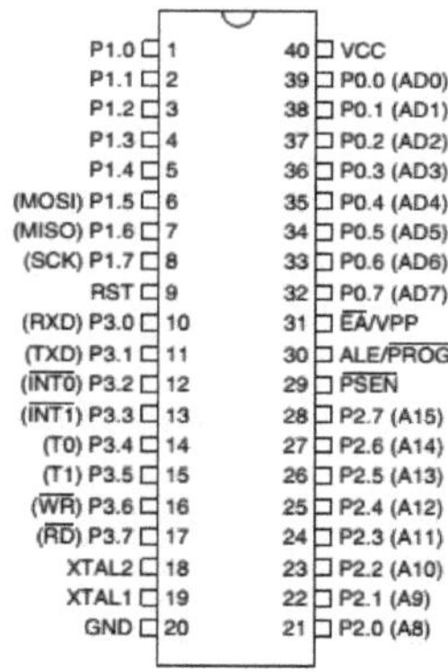

Figura 3- 2: Configuração de pinos AT89S51

Descrição do alfinete:

VCC Tensão de alimentação

GND Terreno

Porto 0 A porta 0 é uma porta de E/S bi-direccional de 8 bits aberta.

A **porta 1Port** 1 é uma porta de E/S bi-direccional de 8 bits com pull-ups internos.

A **porta 2Port** 2 é uma porta de E/S bi-direccional de 8 bits com pull-ups internos.

A **porta 3Port** 3 é uma porta de E/S bi-direccional de 8 bits com pull-ups internos.

A porta 3 também serve as funções de várias características especiais do AT89S51, como se pode ver no quadro seguinte.

Pino do porto	Funções alternativas
P3.0	RXD (porta de entrada em série)
P3.1	TXD (porta de saída em série)
P3.2	$\overline{INT0}$ (interrupção externa 0)
P3.3	$\overline{INT1}$ (interrupção externa 1)
P3.4	T0 (temporizador 0 entrada externa)
P3.5	T1 (temporizador 1 entrada externa)
P3.6	$\overline{WR}$ (memória de dados externa escreve strobe)
P3.7	$\overline{RD}$ (memória de dados externa lida strobe)

Entrada **RSTReset.** Um alto neste pino durante dois ciclos da máquina enquanto o oscilador está a funcionar reinicia o dispositivo.

ALE Address Latch Enable (ALE) é um pulso de saída para travar o byte baixo do endereço durante o acesso à memória externa.

PSEN Program Store Enable ($\overline{PSEN}$) é o estroboscópio lido para a memória externa do programa. Quando o AT89S51 está a executar código a partir da memória externa do programa, $\overline{PSEN}$é activado duas vezes em cada ciclo da máquina, excepto que duas $\overline{PSEN}$activações são ignoradas durante cada acesso à memória externa de dados.

EA Habilitação de Acesso Externo.$\overline{EA}$ $\overline{EA}$ deve ser amarrado ao VCC para execuções de programas internos.

3.4.2 ADC0804

A família ADC080X são conversores A/D CMOS 8-Bit de aproximação sucessiva que utilizam uma escada potenciométrica modificada e são concebidos para funcionar com o bus de controlo 8080A através de saídas de três estados. Estes conversores aparecem ao processador como locais de memória ou portas de E/S, pelo que não é necessária uma lógica de interface.

A entrada de tensão analógica diferencial tem uma boa rejeição de modo comum e permite compensar o valor da tensão analógica de entrada zero. Além disso, a entrada de referência de voltagem pode ser ajustada para permitir a codificação de qualquer faixa de voltagem analógica mais pequena para a resolução total de 8 bits.

Características:

- 80C48 e 80C80/85 Compatível com Bus - Sem necessidade de lógica de interface

- Tempo de Conversão . . . . <100s

- Interface fácil com a maioria dos microprocessadores

- Funcionará em modo "Stand Alone

- Entradas Diferenciais de Tensão Analógica

- Trabalha com Referências de Tensão Bandgap

- Entradas e Saídas Compatíveis TTL

- Gerador de Relógio On-Chip Clock

- Gama de Voltagem Analógica de Entrada (Alimentação Simples + 5V) . . . .
. . . . 0V a 5V

- Não é necessário Zero-Ajuste

- 80C48 e 80C80/85 Compatível com Bus - Sem necessidade de lógica de interface

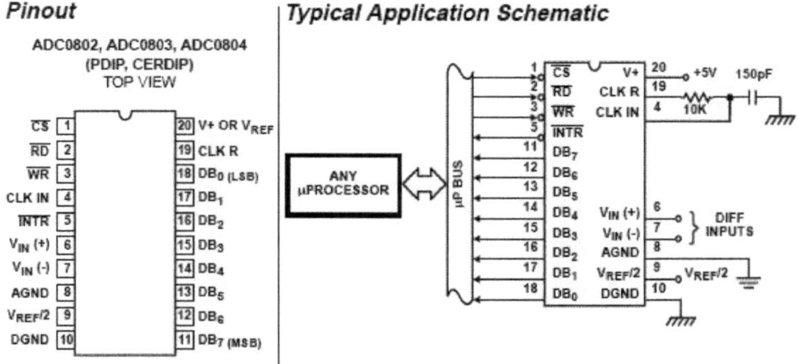

Figura 3- 3: ADC0804 Configuração dos pinos

3.4.3 MAX232

O Max232 é um circuito integrado que converte sinais de uma porta série RS-232 em sinais adequados para utilização em circuitos lógicos digitais compatíveis TTL (Transistor-transistor logic). O MAX232 é um duplo condutor/receptor e normalmente converte os sinais RX, TX, CTX e RTS. Os controladores fornecem saídas de nível de tensão RS-232 a partir de uma única fonte de +5V através de bombas de carga on-chip e condensadores externos. Os receptores reduzem as entradas RS-232, para níveis padrão TTL de 5V.

Quadro 3- 2: Nível de tensão RS-232 e MAX232

RS232 tipo de linha e nível lógico	voltagem RS232	Tensão TTL para/de MAX232
Lógica de transmissão de dados (RX/TX) 0	+3V a +5V	0V
Lógica de transmissão de dados (RX/TX) 1	-3V a -5V	5V
Lógica dos sinais de controlo (RTS/CTS/DTR/DSR) 0	-3V a -5V	5V
Lógica dos sinais de controlo (RTS/CTS/DTR/DSR) 1	+3V a +5V	0V

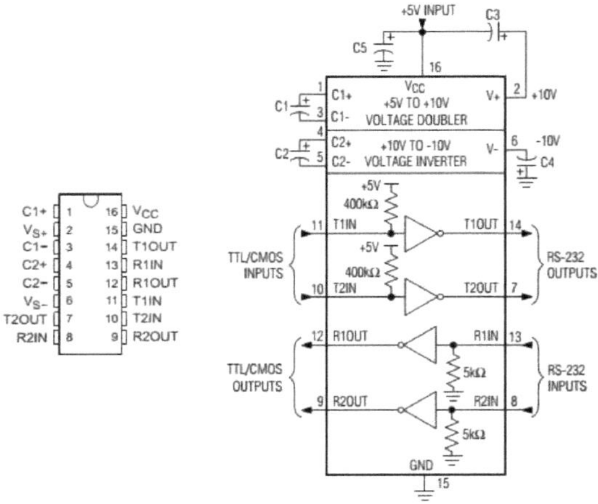

Figura 3- 4: Configuração de pinos MAX232 e circuito típico de operação

3.4.4   74ls47 (BCD para descodificador/condutor de 7 Segmentos)

Os 74LS47 são BCD a 7-Segment Decoder/Driver/Driver. Oferecem directamente saídas activas de corrente de descida e de corrente de descida elevadas para indicadores de condução. BCD é o acrónimo de Binary Coded Decimal. O 74LS47 tem quatro pinos de entrada, que são utilizados para introduzir um número binário de 4 dígitos (0000 a 1001). O chip também tem sete pinos de saída, que podem então ser utilizados para alimentar directamente num visor de 7 segmentos.

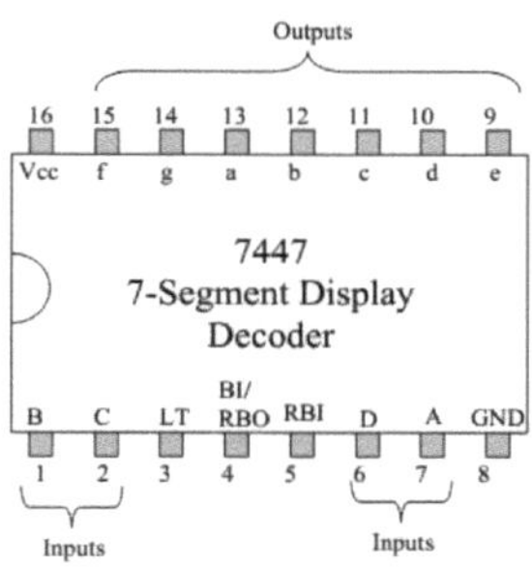

Figura 3- 5: 74LS47 IC Pin-out

Tabela 3- 3: Tabela de verdade para um descodificador
de BCD a sete segmentos

Decimal	Entrada				Saída						
	D	C	B	A	a	b	c	d	e	f	g
0	L	L	L	L	L	L	L	L	L	L	H
1	L	L	L	H	H	L	L	H	H	H	H
2	L	L	H	L	L	L	H	L	L	H	L
3	L	L	H	H	L	L	L	L	H	H	L
4	L	H	L	L	H	L	L	H	H	L	L
5	L	H	L	H	L	H	L	L	H	L	L
6	L	H	H	L	H	H	L	L	L	L	L
7	L	H	H	H	L	L	L	H	H	H	H
8	H	L	L	L	L	L	L	L	L	L	L
9	H	L	L	H	L	L	L	H	H	L	L

3.4.5   L293D

O condutor do motor é basicamente um amplificador de corrente que recebe um sinal de corrente baixa do Microprocessador e emite um sinal de corrente proporcionalmente maior que pode controlar e conduzir um motor. Na maioria dos casos, um transistor pode actuar como um interruptor e executar esta tarefa que conduz o motor numa única direcção.

Ligar e desligar um motor requer apenas um interruptor para controlar um único motor numa única direcção. Se quisermos conduzir o motor na direcção inversa, então temos de inverter a sua polaridade. Isto pode ser conseguido utilizando quatro interruptores dispostos de forma inteligente, de modo a que o circuito não só accione o motor, mas também controle a sua direcção. De entre muitos, um dos desenhos mais comuns e inteligentes é um circuito de ponte-H onde os transístores estão dispostos numa forma que se assemelha ao alfabeto inglês "H".

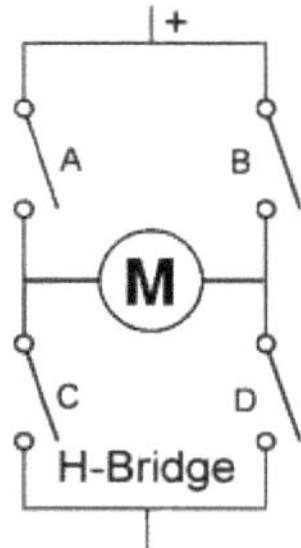

Figura 3- 6: H-Bridge

Na Figura 3- 4-41, o circuito tem quatro interruptores A, B, C e D. Ligar e desligar estes interruptores pode accionar um motor de diferentes formas que o resultado apresentado na tabela seguinte.

Tabela 3- 4: Operação do interruptor H-Bridge

Funcionamento do motor	A	B	C	D
off	abrir	abrir	abrir	abrir
no sentido dos ponteiros do relógio	fechado	abrir	abrir	fechado
em sentido anti-horário	abrir	fechado	fechado	abrir
Inválido	fechado	fechado	fechado	fechado

Os L293D são condutores quádruplos de alta corrente de meia H. O L293D foi concebido para fornecer correntes de accionamento bidireccionais até 1 A em tensões de 4,5 V a 36 V. O L293D foi concebido para fornecer correntes de accionamento bidireccionais até 600 mA em tensões de 4,5 V a 36 V. Ambos os dispositivos foram concebidos para accionar cargas indutivas tais como relés, solenóides, motores passo-a-passo dc e bipolares, bem como outras cargas de alta corrente/elevada tensão em aplicações de alimentação positiva.

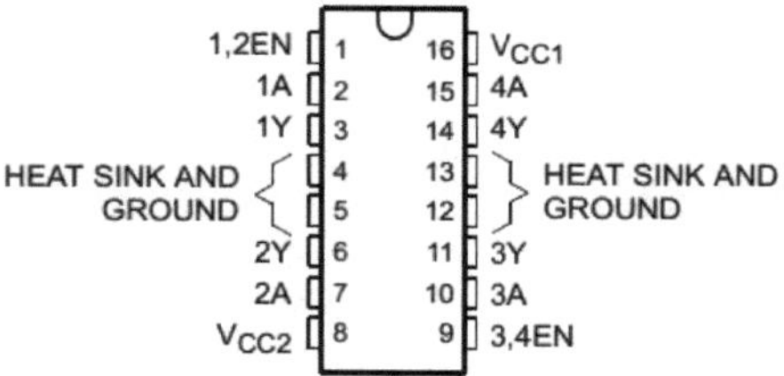

Figura 3- 7: L293D Pin-out

Todas as entradas são compatíveis com TTL. Cada saída é um circuito completo de transmissão totem-pole, com um lavatório de transístores Darlington e uma fonte pseudo-Darlington. Os condutores são activados em pares, com os condutores 1 e 2 activados por 1,2PT e os condutores 3 e 4 activados por 3,4PT. Quando uma entrada de enable é elevada, os drivers associados são activados, e as suas saídas estão activas e em fase com as suas entradas. Quando a entrada de activação é baixa, esses controladores são desactivados, e as suas saídas estão desligadas e em estado de alta impedância. Com as entradas de dados adequadas, cada par de controladores forma uma unidade reversível H completa (ou ponte) adequada para aplicações de solenóides ou motores.

Tabela 3- 5: Tabela de funções L293D (cada condutor)

INPUTS		SAÍDA Y
A	PT	
H	H	H
L	H	L
X	L	Z

H = alto nível, L= baixo nível, X = irrelevante,

Z = impedância elevada (desligada)

3.4.6 Matriz de transístores Darlington (ULN2803A)

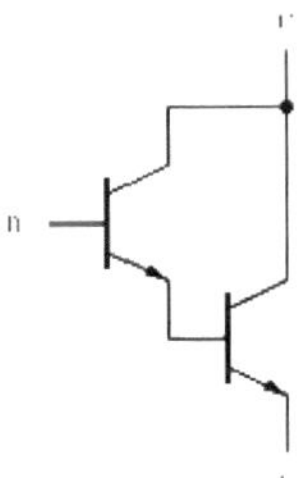

Figura 3- 8: Diagrama de circuito de um par Darlington
utilizando transístores NPN

Em electrónica, o par de transístores Darlington é uma estrutura composta por dois transístores bipolares (integrados ou separados) ligados de tal forma que a corrente amplificada pelo primeiro transístor é amplificada ainda mais pelo segundo. Esta configuração dá um ganho de corrente comum/emissor muito maior do que cada transistor tomado separadamente e, no caso de dispositivos integrados, pode contar com menos espaço do que dois transistores individuais porque podem utilizar um colector partilhado. Os pares Darlington integrados vêm embalados individualmente em pacotes semelhantes a transístores ou como um conjunto de dispositivos (geralmente oito) num circuito integrado.

O ULN2803A é um conjunto de transístores Darlington de alta voltagem e alta corrente. O dispositivo consiste em oito pares de Darlington NPN que apresentam saídas de alta tensão com díodos de fixação de cátodo comum para comutação de cargas indutivas. A corrente nominal do colector de cada par de Darlington é de 500mA. Os pares de Darlington podem ser ligados em paralelo para uma maior capacidade de corrente.

As aplicações incluem controladores de relé, controladores de martelo, controladores de lâmpada, controladores de visor, controladores de linha e amortecedores lógicos. O ULN2803A tem uma resistência de base da série 2.7kΩ para cada par Darlington para operação directa com dispositivos TTL ou 5 V CMOS.

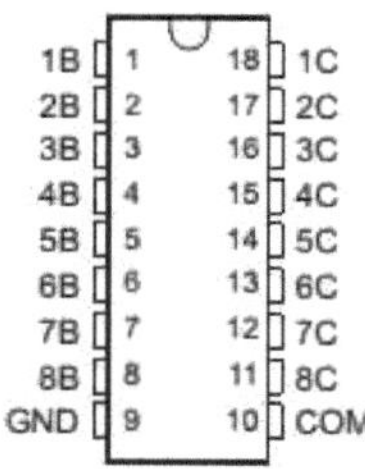

Figura 3- 9: Pin-out ULN2803A IC

3.5 Software utilizado para o sistema proposto

O seguinte software foi utilizado para desenvolver o sistema proposto

3.5.1 Keil µVision IDE

As principais ferramentas de desenvolvimento para a família de microprocessadores PENTIUM apoiam todos os níveis de desenvolvimento, desde o engenheiro de aplicações profissionais até ao estudante que está apenas a aprender sobre o desenvolvimento de software incorporado. Os compiladores padrão da indústria Keil C, Macro Assemblers, Debuggers, Kernels em tempo real, e Computadores de placa única apoiam TODOS os derivados compatíveis com PENTIUM e ajudam-nos a concluir os nossos projectos dentro do prazo previsto.

As ferramentas de desenvolvimento Keil para o PENTIUM oferecem numerosas características e vantagens que nos ajudam a desenvolver com rapidez e sucesso aplicações incorporadas. São fáceis de utilizar e têm a garantia de nos ajudar a atingir os nossos objectivos de concepção. A IDE µVision é uma plataforma de desenvolvimento de software baseada em Windows que combina Gestão de Projectos, Edição de Código Fonte, Depuração de Programas, e Programação Flash num único e poderoso ambiente.

3.5.2 Orcad 9.2

Orcad é um conjunto de ferramentas de cadência para a concepção e disposição de placas de circuito impresso (PCBs). Neste projecto utilizámos a versão 9.2 do conjunto Orcad. Orcad consiste realmente em duas ferramentas. A captura é utilizada para a entrada do desenho em forma esquemática. Layout plus é uma ferramenta que desenha a disposição física de componentes e circuitos numa placa de circuito impresso.

Há várias etapas básicas envolvidas na produção de uma placa de circuito impresso (PCB). A maioria dos desenhos começa com um esquema e um plano de desenho desenhados à mão. Com estes, o circuito é prototipado e testado para verificar se o desenho funciona correctamente. Depois, utilizando Orcad Capture, é criada uma versão electrónica do esquema. Um ficheiro de netlist é criado a partir do esquema electrónico e utilizado no Orcad Layout Plus para criar o esquema físico do PCB. Em seguida, os componentes são colocados e encaminhados no software Orcad Layout Plus e são criados os ficheiros Gerber. Estes ficheiros Gerber são utilizados num sistema de protótipos para fresar, furar e cortar o substrato de PCB. Os componentes são então colocados e soldados ao substrato. Finalmente, a placa é testada para verificar se funciona como esperado.

3.6 Programador utilizado para o sistema proposto

Este programador pode programar AT89S51 e AT89S52 da família ATMEL PENTIUM Microprocessador e ATmega8, ATmega16 e ATmega32 da família ATMEL AVR Microprocessador usando interface USB. Consiste simplesmente de um ATMega8 e de um par de componentes passivos. O programador utiliza um controlador USB apenas de firmware, não é necessário um controlador USB especial. Firmware é o software que vai ser gravado no Microprocessador do programador, este firmware tem código para permitir ao programador comunicar com o PC via usb e o Microprocessador alvo.

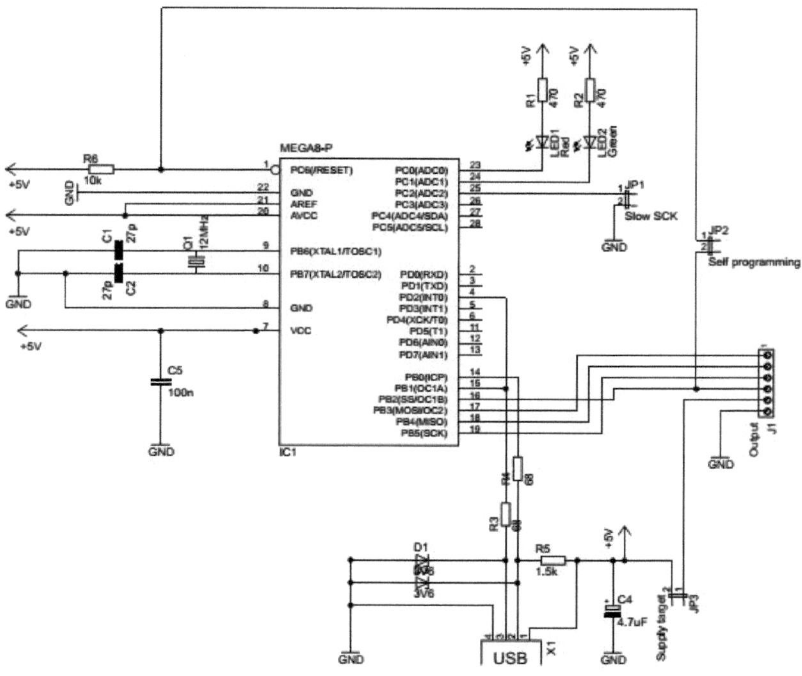

Figura 3- 10: PENTIUM USB Esquema PENTIUM & AVR Mircrocontroller progammer

O circuito está soldado num pcb de uso geral. Preparar o microprocessador atemega8 para ser inserido no novo pcb soldado, e começar a funcionar. Temos de queimar o firmware no Microprocessador atmega8. Utilizámos o programador paralelo do ISP para realizar este trabalho.

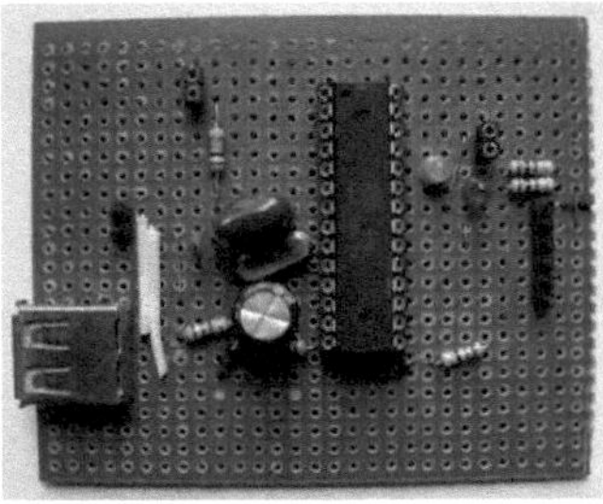

Na primeira vez que ligarmos o nosso programador ao PC, o nosso programador será decretado como usbasp e temos de fornecer um caminho adequado para os condutores serem instalados.

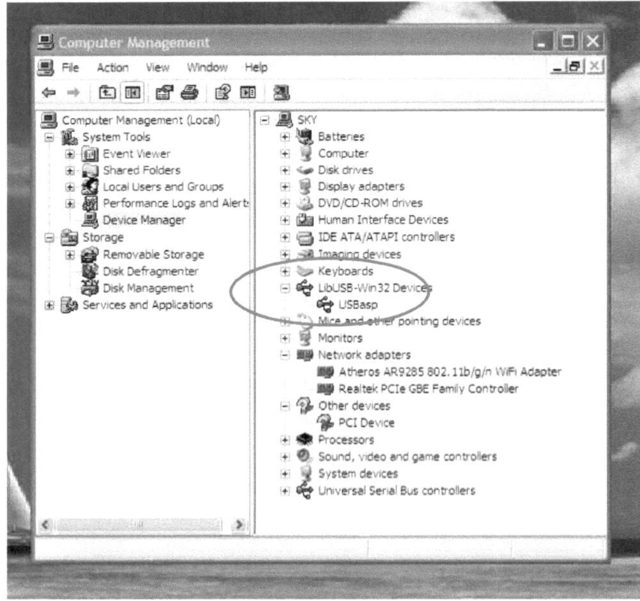

3.5.1 Como Programar AT89S51

Passo 1: Temos de escrever o nosso próprio programa C ou ASM no nosso compilador. Utilizámos o Keil uVision Compiler para a programação AT89S51.

Passo 2:   Temos de gerar o ficheiro .HEX compilando-o, mas temos de definir a frequência do cristal antes dele.

Passo 3: Temos de executar outro software chamado ProgISP. Este é o software de gravação para programar o Microprocessador AT89S51. Assim, depois de executar este software, descobriremos que se o programador estiver ligado correctamente, o ícone está activo, caso contrário é desactivado desta forma.

Passo 4: Ligamos o nosso programador com a nossa placa-mãe à programação AT89S51 utilizando o fio de ligação.

Passo 5: Seleccionamos o chip AT89S51.

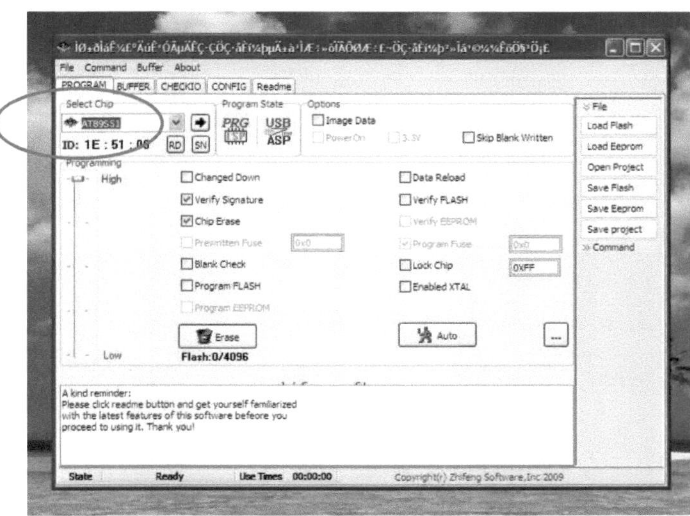

Passo 6: Ouvimos o chip. Se não houver chip ou o chip for danificado, haverá uma mensagem de erro "Chip Enable Program Error".

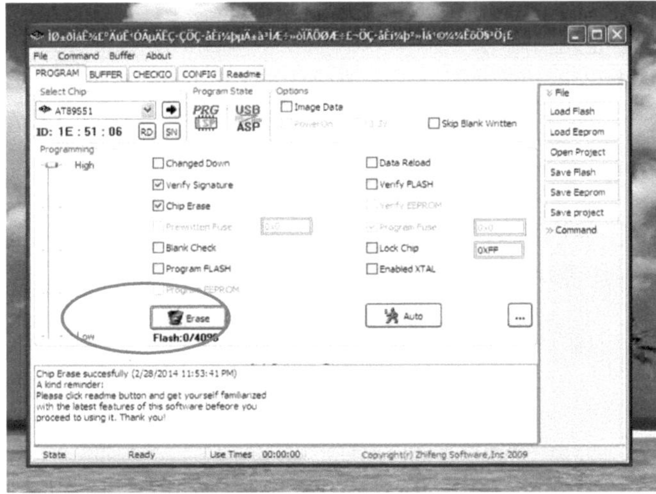

Passo 7: Temos de carregar o flash sob o menu de ficheiro, temos de localizar o ficheiro .HEX adequado que queremos programar.

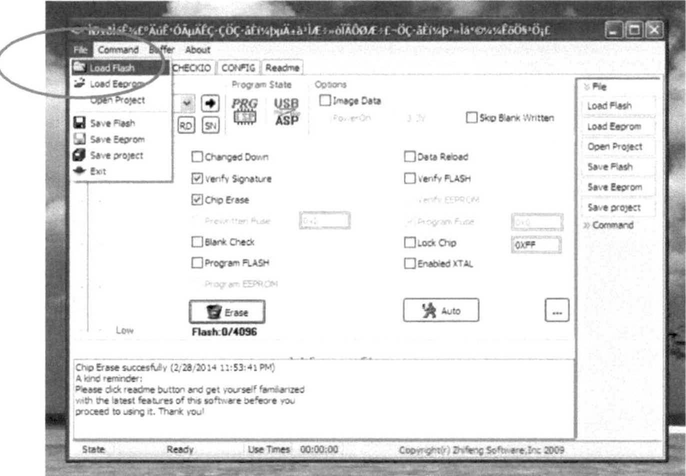

Passo 8: Temos de escrever o flash sob o menu de comando.

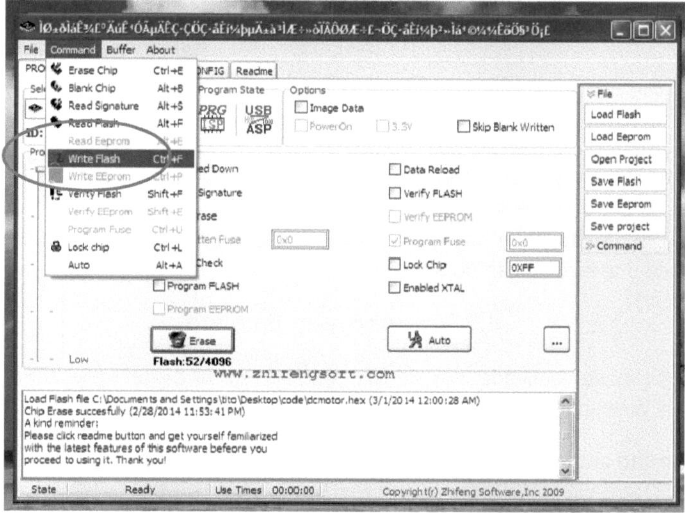

Passo 9: temos de observar a barra de progresso por baixo do software. Durante a programação, o LED Verde no quadro também brilhará.

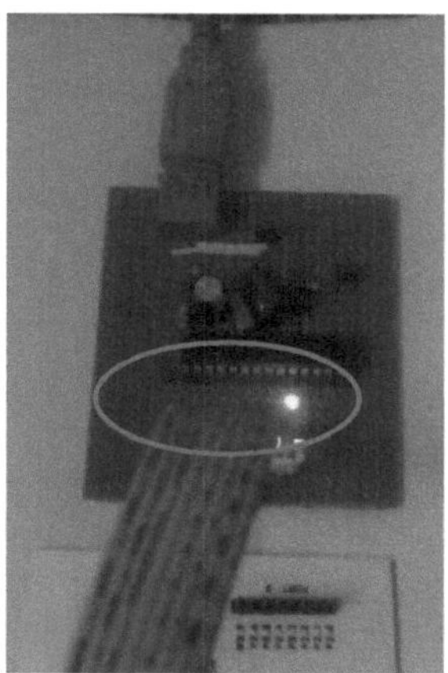

Capítulo 4

Resultados e discussões

4.1 Introdução

Este capítulo descreve o desenho esquemático, o protótipo do sistema e o desenho da placa de circuito impresso (PCB) do sistema proposto. A visão artística do sistema proposto é também dada aqui. No final deste capítulo, são apresentados os resultados da implementação do sistema proposto.

4.2 Desenho esquemático

O módulo proposto baseado em Edukit consiste numa placa mãe, uma série de placas-filhas baseadas em diferentes aplicações.

4.2.1 Desenho esquemático da placa mãe

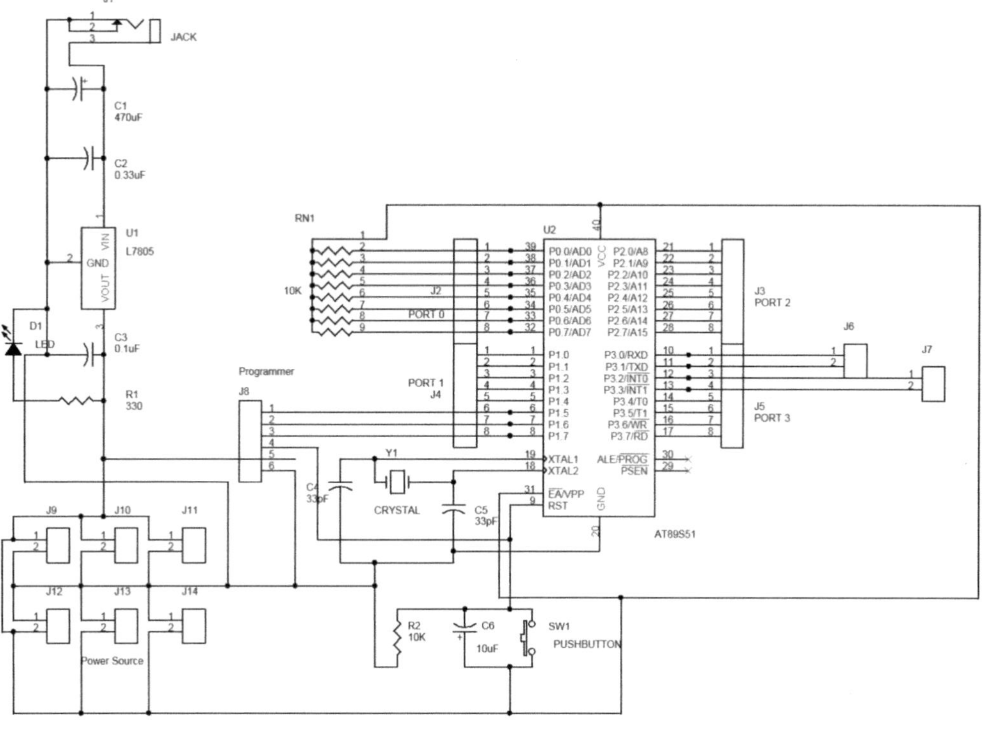

Figura 2-21. Módulo da Junta Mãe

4.2.2 Desenho esquemático do quadro de filhas

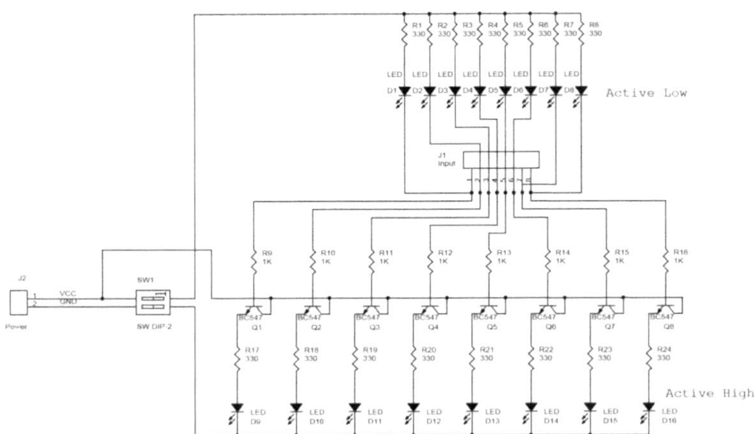

Figura 2-22. Desenho esquemático do módulo LED

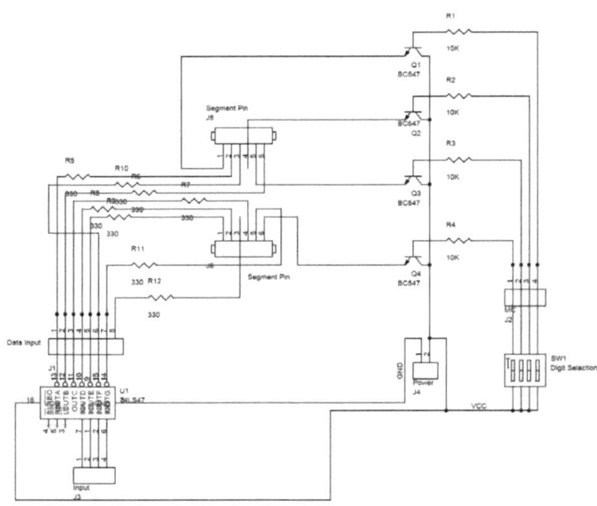

Figura 2-23. 7 Desenho esquemático do módulo do
segmento

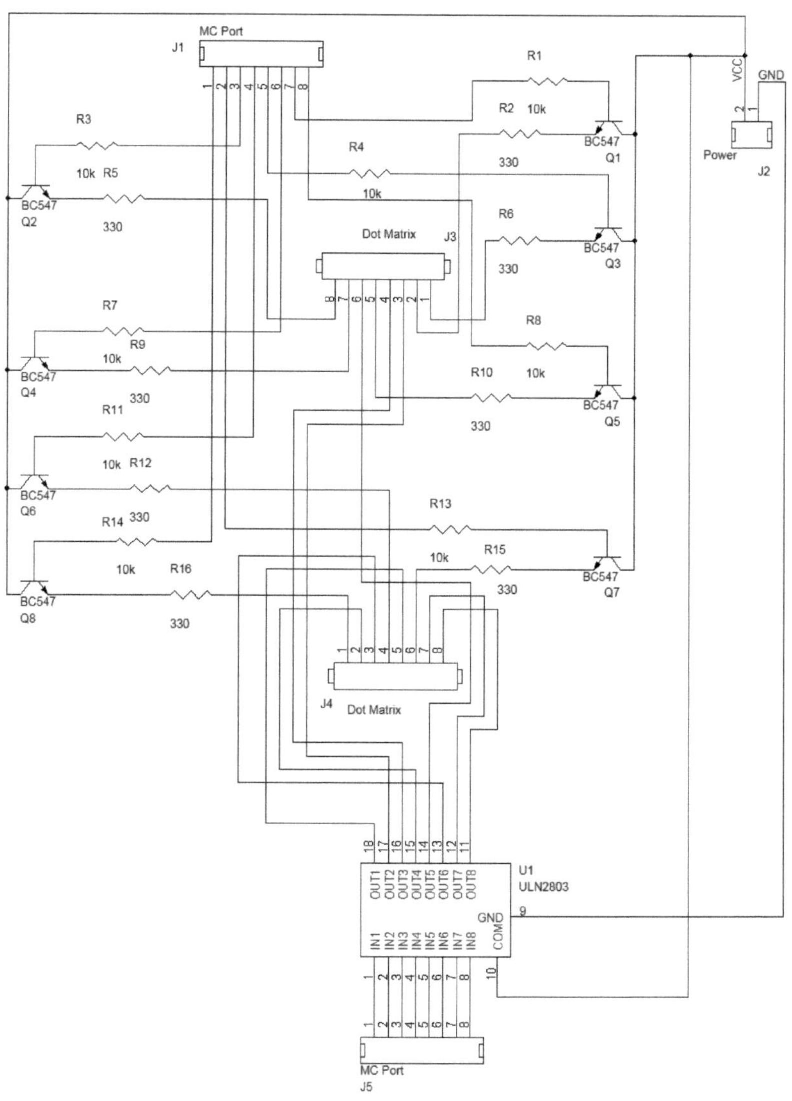

Figura 2-24. Desenho esquemático do Módulo de
Matriz de Pontos 8X8

35

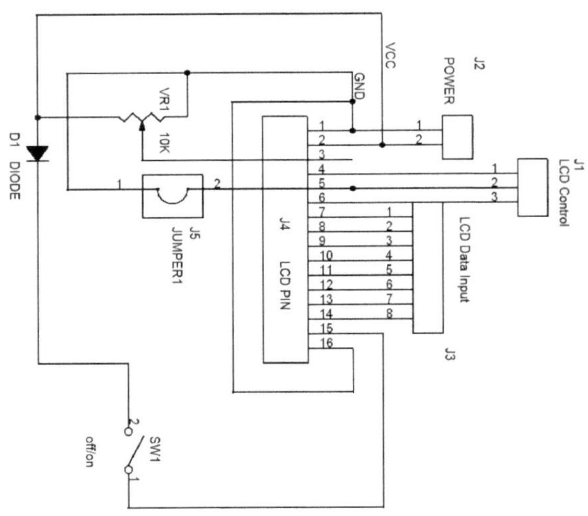

Figura 2-25. desenho esquemático do módulo LCD

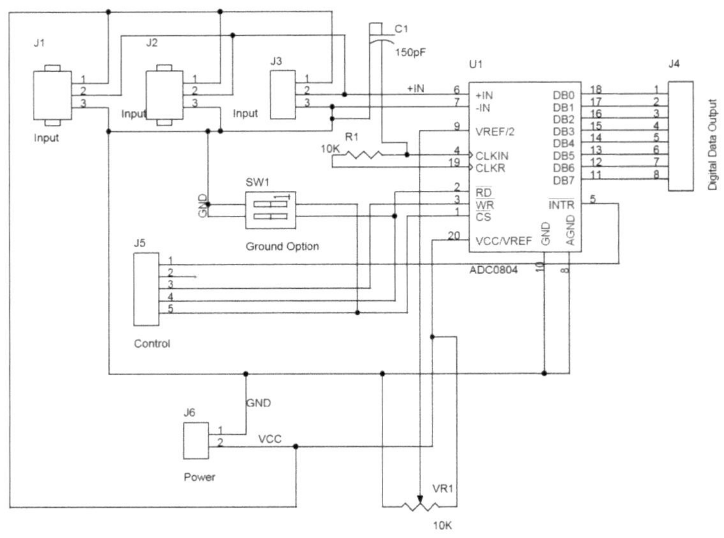

Figura 2-26desenho esquemático do módulo ADC

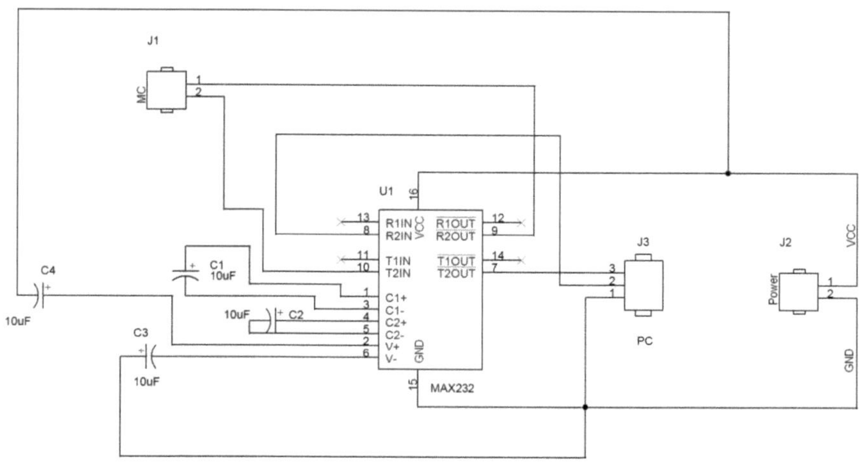

Figura 2-27desenho esquemático do Módulo de
Porta em Série

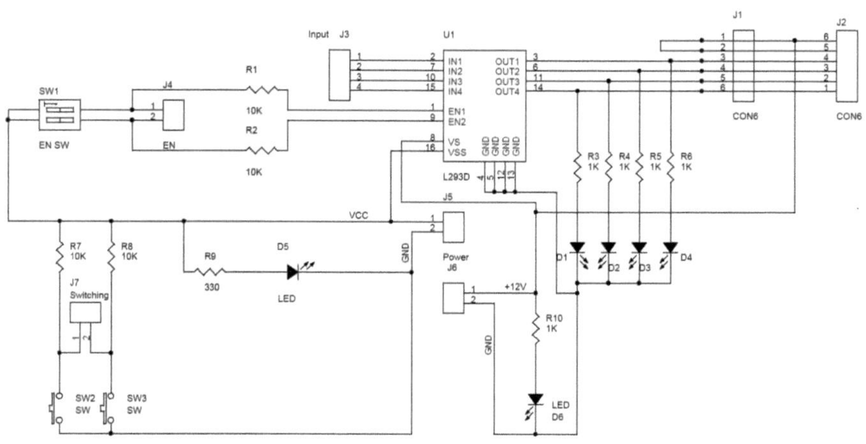

Figura 2-28. Desenho esquemático do módulo
motor

4.3 Desenho de Placa de Circuito Impresso (PCB)

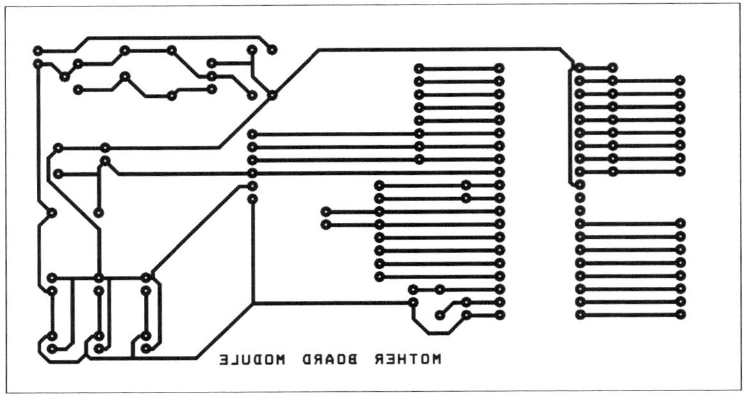

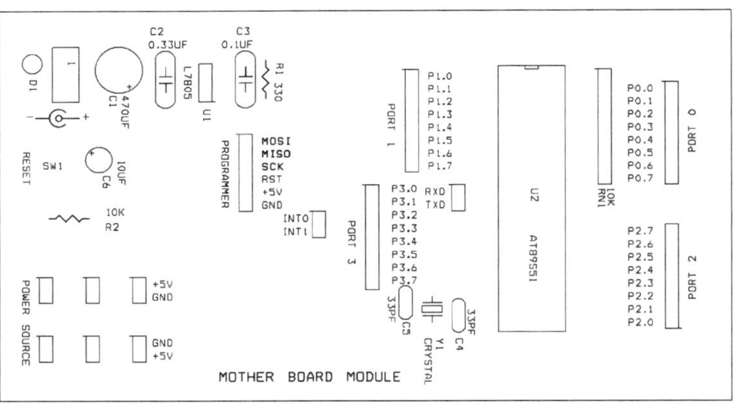

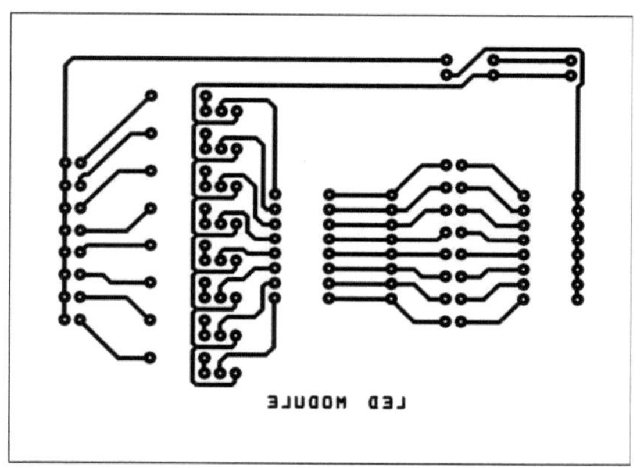

LED MODULE

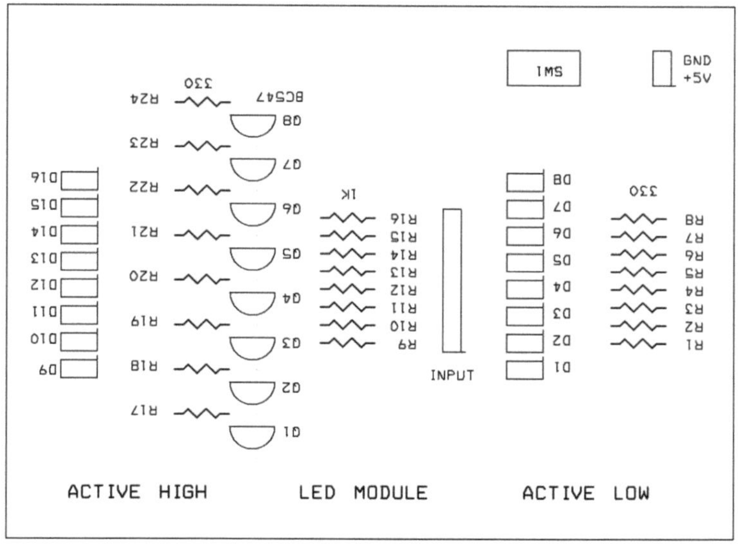

SW1
GND
+5V
330
R24
BC547
Q8
R23
D16
R22
Q7
D15
1K
D8
330
D14
R21
Q6
R16
D7
R8
D13
Q5
R15
D6
R7
D12
R20
R14
D5
R6
D11
R13
D4
R5
D10
R19
Q4
R12
D3
R4
D9
R11
D2
R3
Q3
R10
R2
R18
Q2
R9
D1
R1
R17
Q1
INPUT
ACTIVE HIGH
LED MODULE
ACTIVE LOW

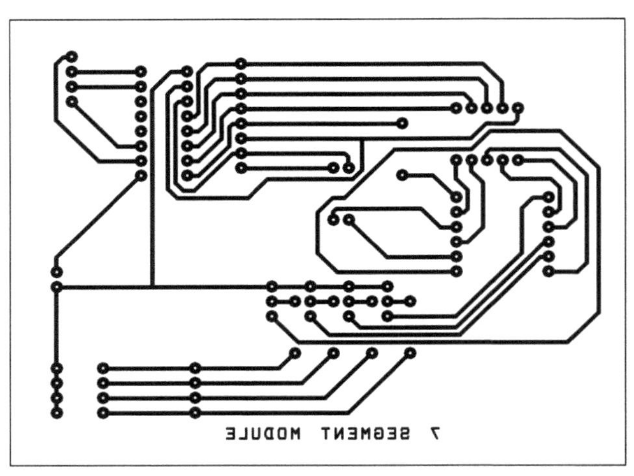

7 SEGMENT MODULE

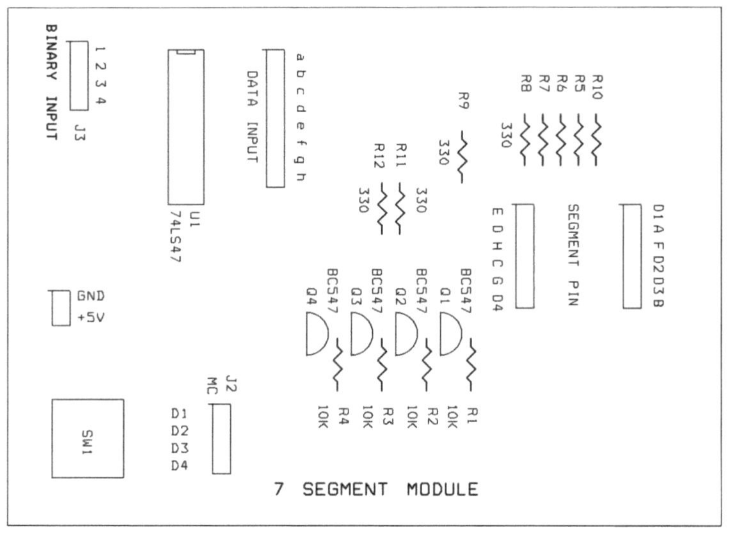

BINARY INPUT
1 2 3 4
J3
DATA INPUT
a b c d e f g h
U1
74LS47
GND
+5V
J2
MC
SW1
D1
D2
D3
D4
R9
330
R11
R12
330
330
R10
R5
R6
R7
R8
330
SEGMENT PIN
E D H C G D4
D1 A F D2 D3 B
BC547
Q4
BC547
Q3
BC547
Q2
BC547
Q1
R4
10K
R3
10K
R2
10K
R1
10K
7 SEGMENT MODULE

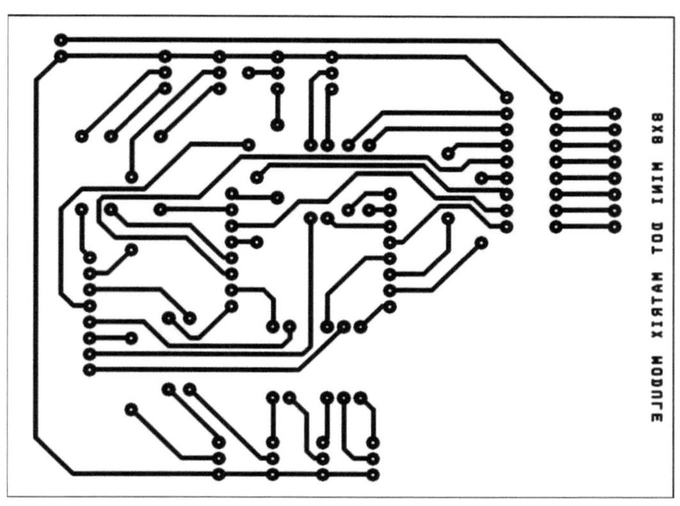

8X8 MINI DOT MATRIX MODULE

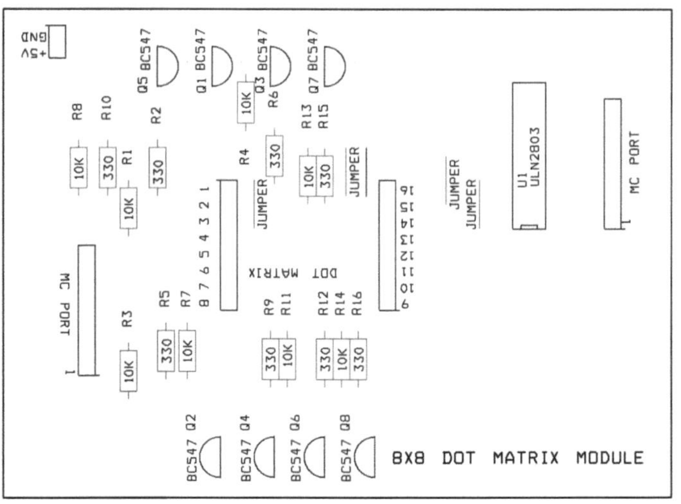

GND
+5V
R8
R10
Q5 BC547
Q1 BC547
Q3 BC547
R6
Q7 BC547
R13
R15
10K
R2
330
R1
330
10K
R4
JUMPER
330
10K
330
JUMPER
JUMPER
16
15
14
13
12
11
10
9
JUMPER
JUMPER
U1
ULN2803
MC PORT
MC PORT
R3
R5
R7
8 7 6 5 4 3 2 1
DOT MATRIX
R9
R11
R12
R14
R16
330
10K
330
10K
330
10K
330
10K
BC547 Q2
BC547 Q4
BC547 Q6
BC547 Q8
8X8 DOT MATRIX MODULE

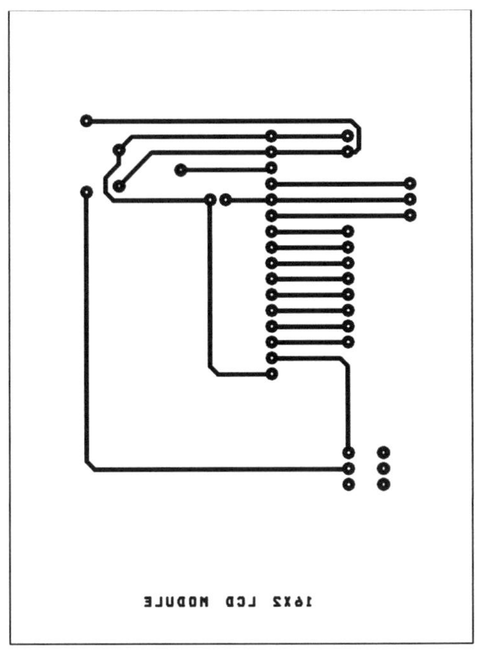

16X2 LCD MODULE

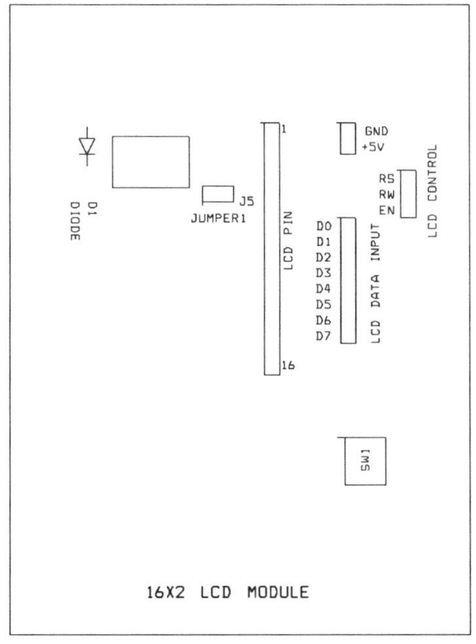

D1
DIODE
J5
JUMPER1
1
LCD PIN
16
GND
+5V
RS
RW
EN
LCD CONTROL
D0
D1
D2
D3
D4
D5
D6
D7
LCD DATA INPUT
SW1
16X2 LCD MODULE

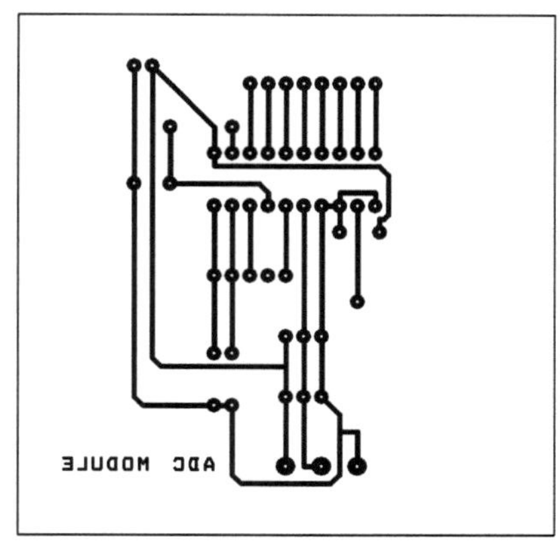

ADC MODULE

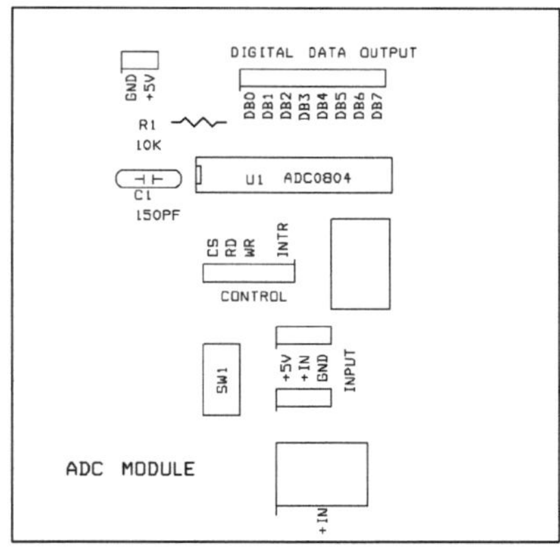

DIGITAL DATA OUTPUT
GND
+5V
DB0
DB1
DB2
DB3
DB4
DB5
DB6
DB7
R1
10K
C1
150PF
U1 ADC0804
CS
RD
WR
INTR
CONTROL
SW1
+5V
+IN
GND
INPUT
ADC MODULE
+IN

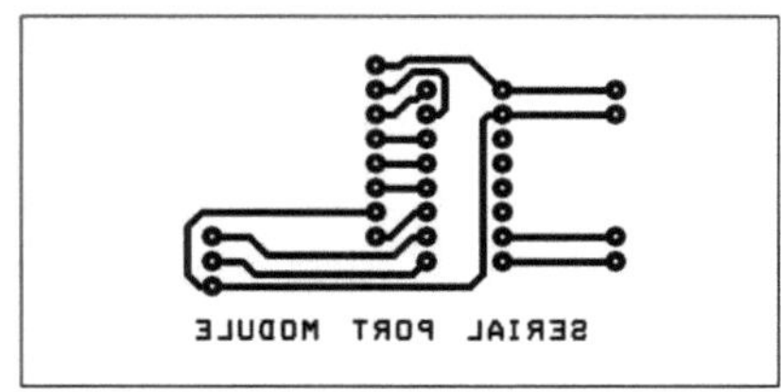

SERIAL PORT MODULE

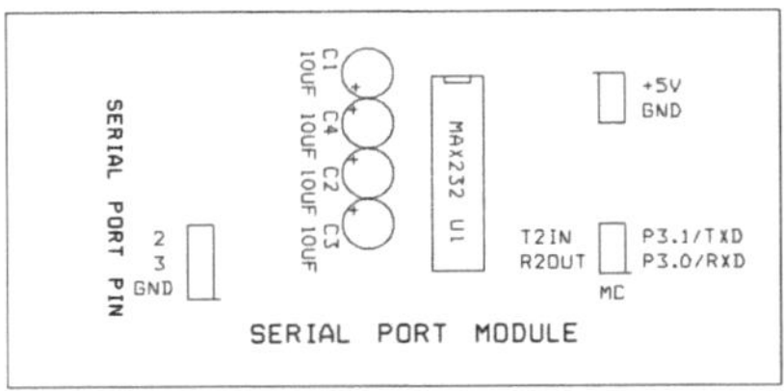

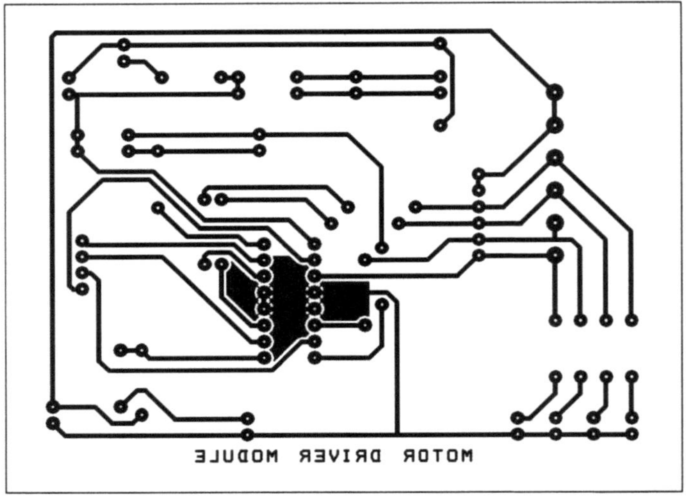

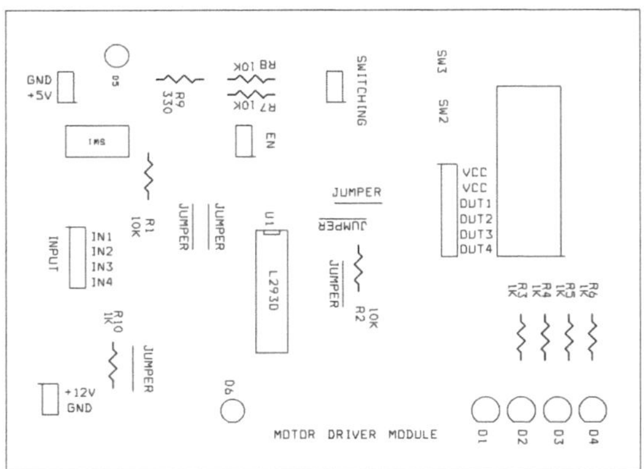

Figura 3-31. Desenho PCB do Módulo da Placa Mãe

4.4 Protótipo do sistema

Figura 4-41. Protótipo do Módulo da Junta Mãe

Figura 4-42. Protótipo do módulo LED

Figura 4-43. Protótipo de Módulo de 7 Segmentos

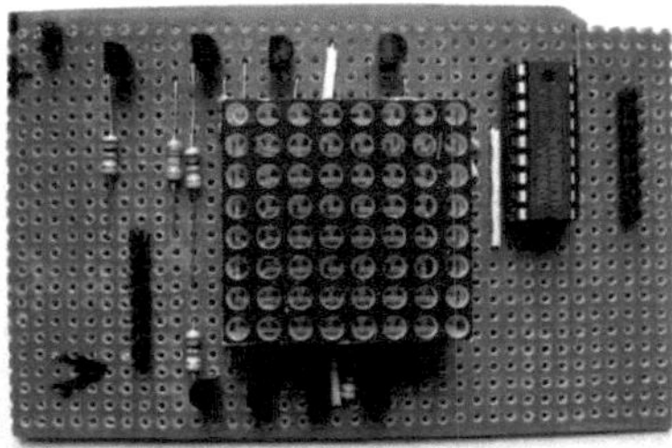

Figura 4-44. Protótipo do módulo de visualização
matricial de pontos

Figura 4-45. Protótipo de módulo LCD 2X16

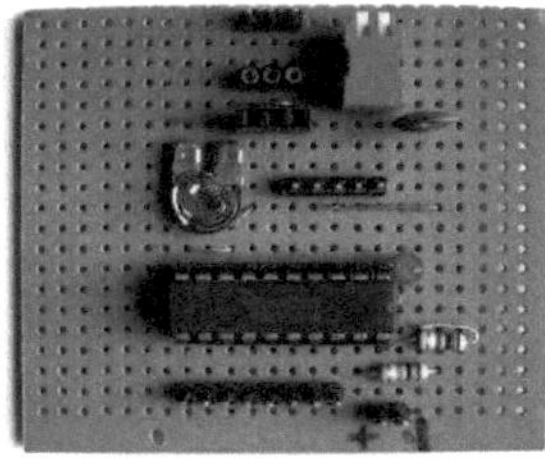

Figura 4-46: Protótipo do módulo ADC

Figura 4-47. Protótipo de Módulo de Porta Serial

Figura 4-48. Protótipo de Módulo Motorista

4.5 A visão artística do sistema proposto

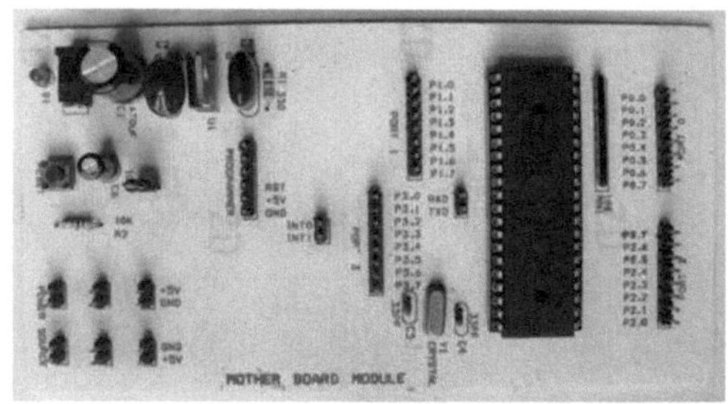

Figura 5-51. Módulo do Conselho Mãe

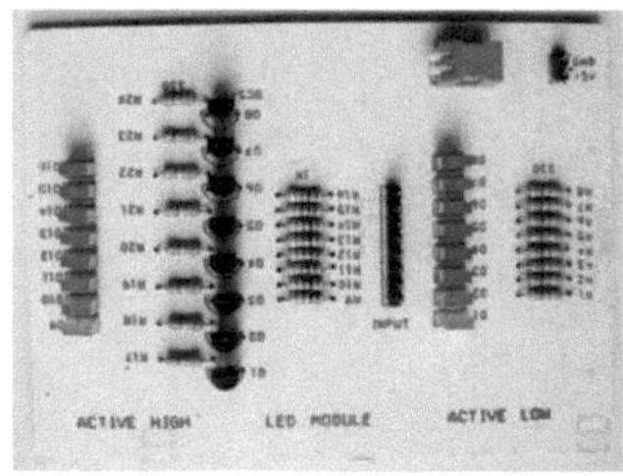

Figura 5-52. Módulo LED

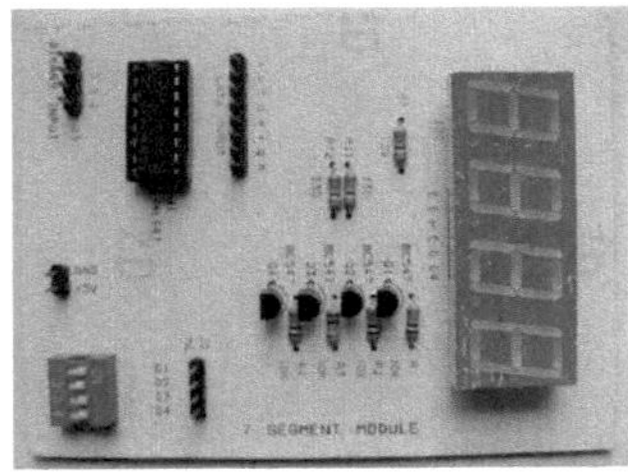

Figura 5-53. 7 Módulo do Segmento

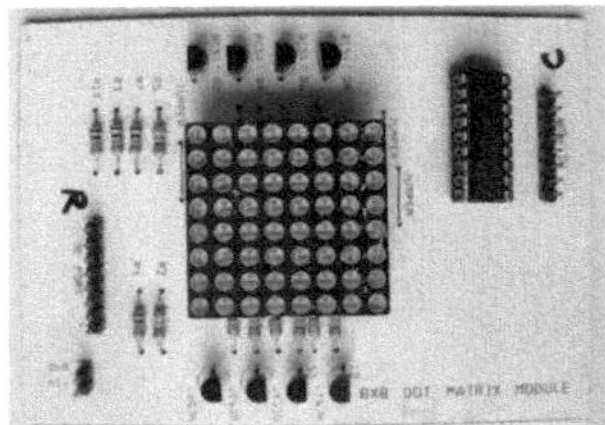

Figura 5-54. Módulo de Matriz de Ponto 8X8

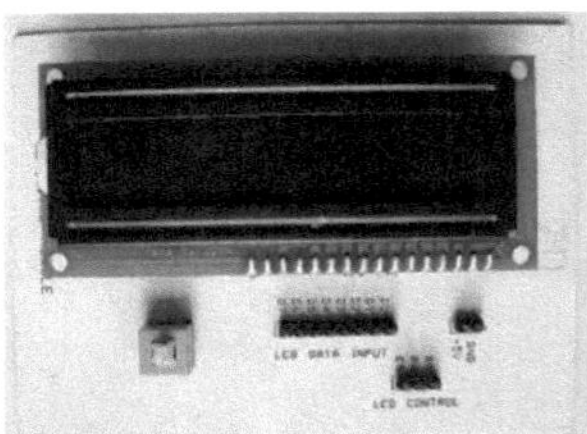

Figura 5-55. Módulo LCD 16X2

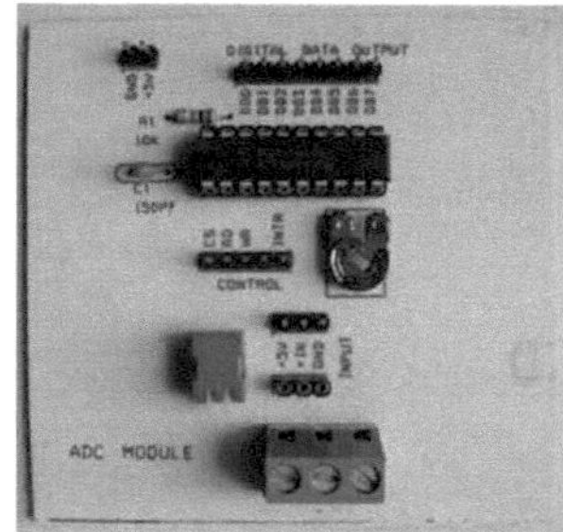

Figura 5-56. módulo ADC

Figura 5-57. módulo de porta em série

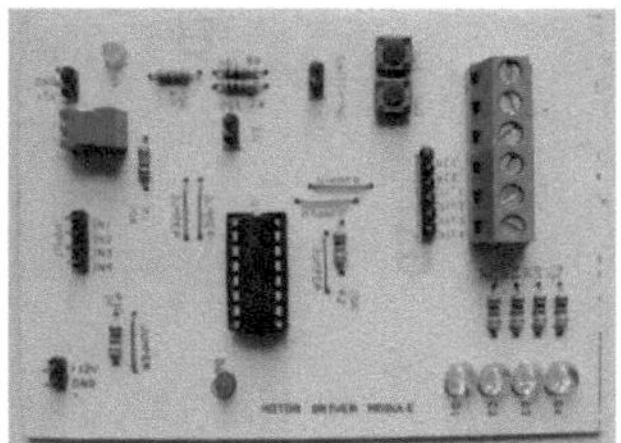

Figura 5-58. módulo Motorista

Figura 5-59Teclado

4.6 Interface do Conselho Filha com o Conselho Filha e o resultado da sua Aplicação

Aplicação 1: Teste do módulo LED

Objecto:

Queremos ver o estado da porta do microprocessador através do LED. Quando o valor de um pino de porta é 1, então o correspondente LED activo alto brilhará, mas o correspondente LED activo baixo brilhará. O estado do LED será alterado após algum apagamento, de acordo com o valor da porta P0 de 1 a 255.

Procedimento:

1. Queimamos o código HEX para o Microprocessador.

2. Depois ligamos a porta do microprocessador P0 da placa-mãe com a porta de entrada do Módulo LED através do fio conector.

3. Ligar

Resultado:

Na figura seguinte, podemos ver que os LED continuam a brilhar periodicamente após algum atraso.

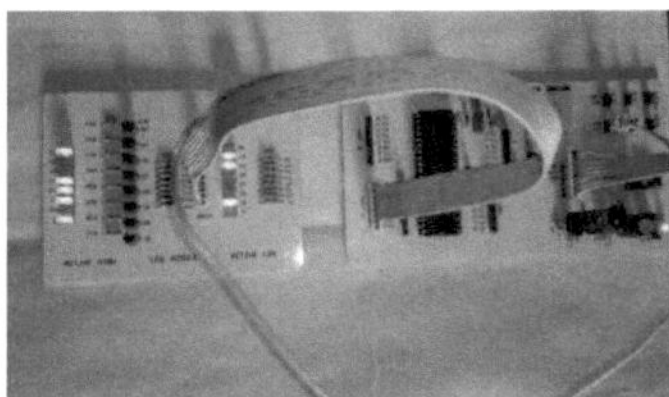 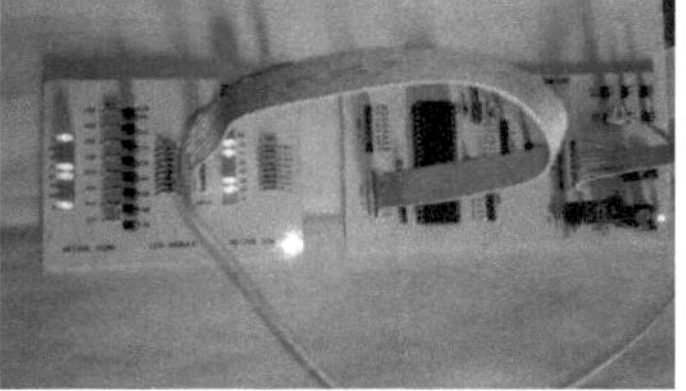

Aplicação 2: Teste de exibição de sete segmentos

Objecto:

Queremos mostrar valores numéricos para o módulo de exibição de sete segmentos.

Aplicação 3: Teste de visualização de matriz de pontos

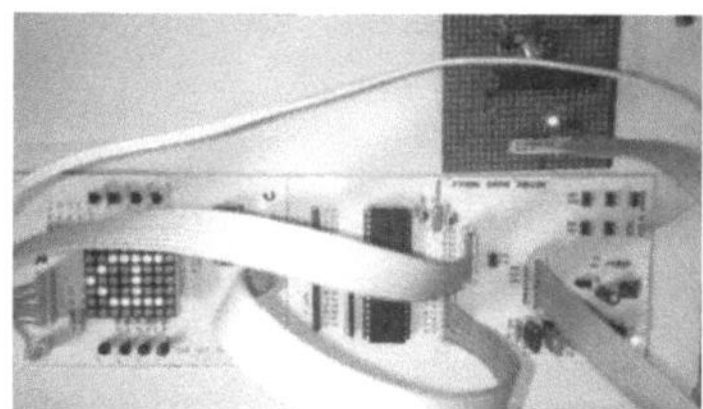

Aplicação 4: Interface do teclado com teste de microprocessador

Objecto:

Para exibir os valores atribuídos ao teclado do módulo LCD

Procedimento:

1. Queimamos o código do Apêndice A no Microprocessador.

2. Ligar porta do teclado com porta P0 da placa-mãe

3. Ligar a porta de entrada de dados LCD com a porta P2 da placa-mãe

4. Ligar os pinos LCD RS e EN com os pinos P3.5 e P3.4 respectivamente da placa mãe.

5. Ligar

Resultado:

A partir da figura seguinte, podemos ver os dados no visor.

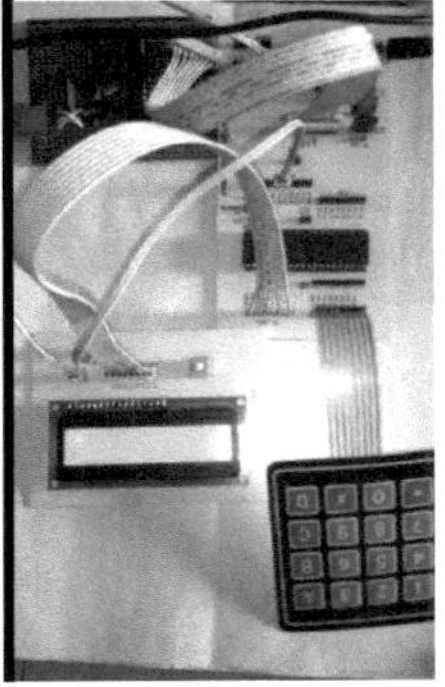

Aplicação 5: Interface do ADC com testes de microprocessador

Objecto:

Fornecer tensão analógica para o ADC analógico

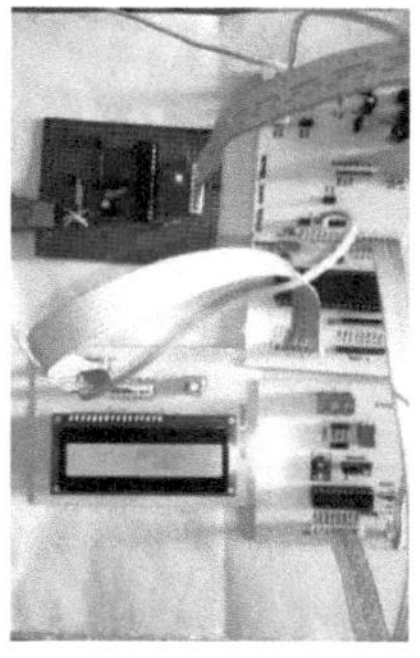
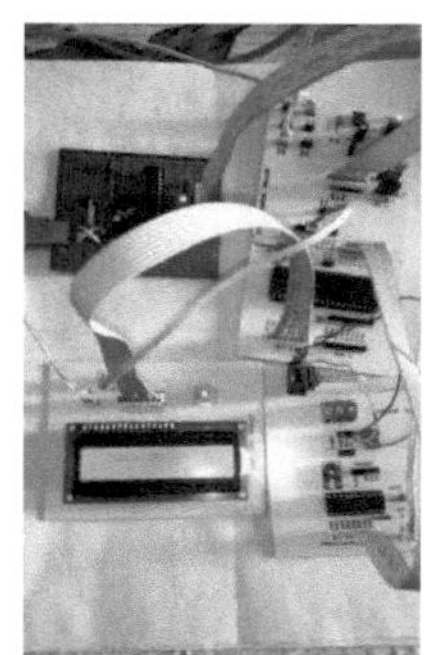
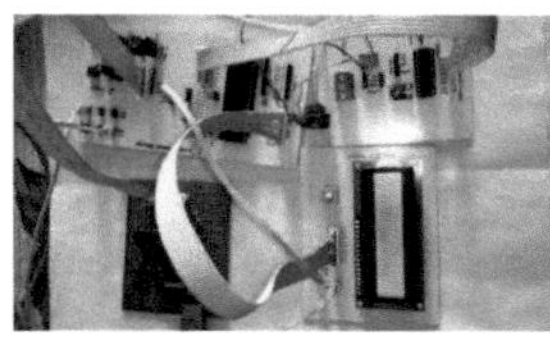

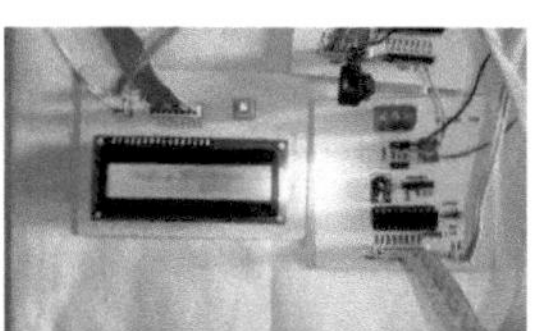

Aplicação 6: Comunicação em série

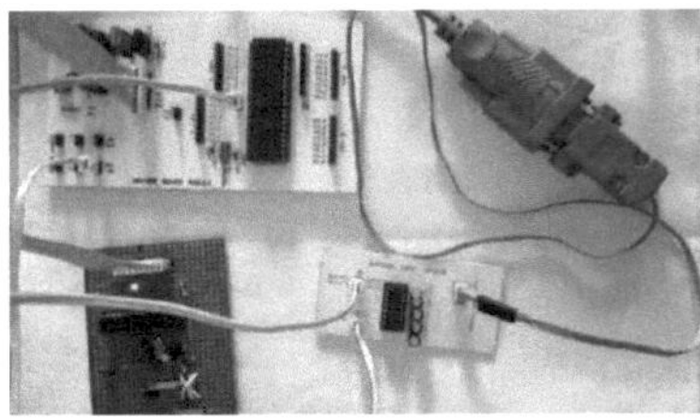

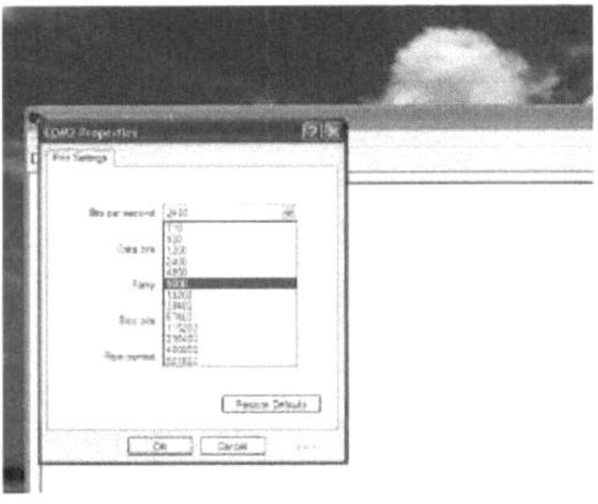

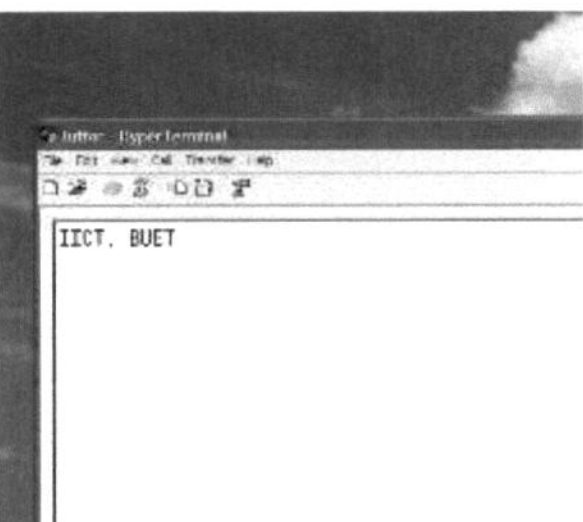

Aplicação 7: Teste de motores de corrente contínua

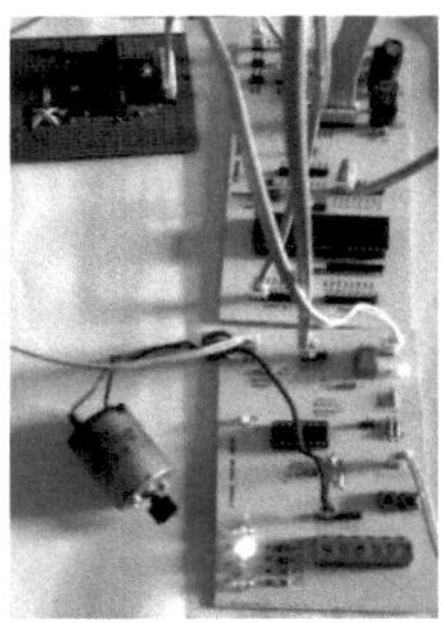

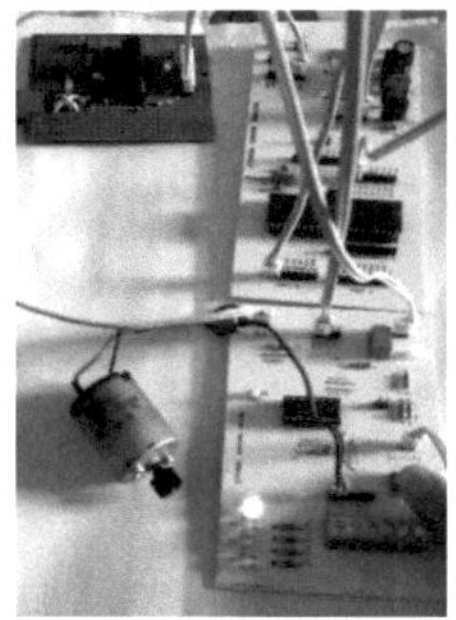

Aplicação 8: Motor passo-a-passo

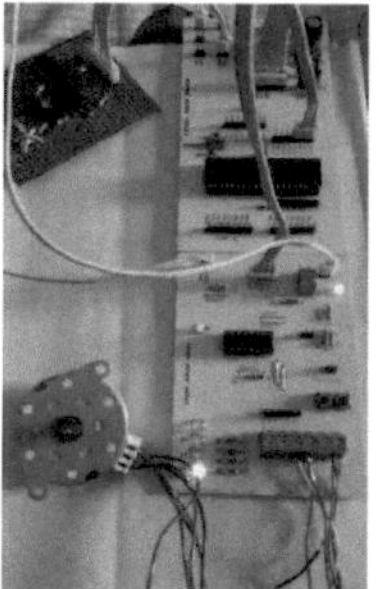 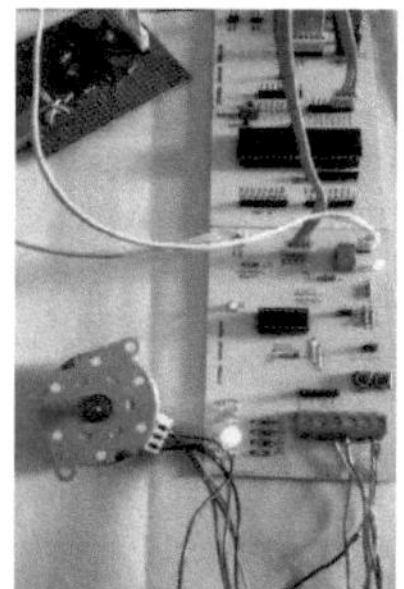

Capítulo 5

Conclusão

5.1 Conclusão

O conhecimento e a habilidade na tecnologia dos micro-controladores é uma exigência nesta era. Uma ferramenta de formação adequada e acessível em programação de micro-controladores é essencial para este fim. O EduKit proposto será complementar do novo currículo do micro-controlador. Espera-se que a sua utilização sugerida neste projecto satisfaça as necessidades dos estudantes da forma mais eficaz. O EduKit também pode ser utilizado como ferramenta de ensino para o ensino à distância da programação de micro-controladores.

5.2 Obras Futuras

Referências

[1] Engineering Accredition Commission, Accreditation Board of Engineering and   Technology, Inc., Criteria for Accrediting Programs in Engineering in the United States, pp, 11-12, 1996-1997.

[2] Anon., http://www.**abet**.org/   Acesso em Outubro de 2005

[3] E. Montanez, " Micro-controlador na Educação: Embedded control- Everywhere and Everday, Proc. of American Society for Engineering Education Annual Conference & Exposition, 2005

[4] T.K. Hamariata e R.W. McClendon, "A New Approach for Teaching and Learning Micro-controller Courses", Int. Journal of Engg. Ed., Vol. 13 (4), pp. 269-274, 1997.

[5] Anon.,   http://www.futurlec.com/. Acedido em Outubro de 2005

[6] Anon., http://www.rentron.com/Myke3.htm . Acesso em Outubro de 2005

[7] Sickle, *"Programming Micro-controller in C"*, Hightext, 1994.

Apêndice A

/* Código para teste do módulo LED */

```
org 00h
principal: mov r0,#255
novamente: mov P0,r0
atraso de chamada
djnz r0,novamente
sjmp principal

atraso:
mov r3,#20
fora: mov r1,#0ffh
loop: mov r2, #0f0h
del: djnz r2,del
djnz r1,loop
djnz r3,out
ret
fim
```

/* Código para teste do Módulo de Matriz de Ponto */

```
ORG    000H
INICIAR:
MOV    DPTR,#TABLE
MOV    R2, #01000000b
MOV    R1, #0
PRÓXIMO:
MOV    A, R1
MOVC A, @A+DPTR
MOV    P3, A
MOV    A, R2
MOV    P1, A
ATRASO DE CHAMADA
RR    A
MOV    R2, A
INC    R1
CJNE   ,NEXT
JMPSTART
; --------------------------
; DELAY          0.1s
; --------------------------
ATRASO:
MOV    R6, #2
DL1:
MOV    R7, #249
DJNZ R7,$
DJNZ R6, DL1
RET
TABELA: DB    3EH, 48H, 88H, 88H, 48H, 3EH
FIM
```

/* Código para teste do módulo LCD */


```asm
;a seguinte experiência é utilizada para digitalizar
;teclado 4x4 e resultado da varredura será liberado
;para Caracteres LCD
linha1 bit P0.4
linha2 bit P0.5
linha3 bit P0.6
row4 bit P0.7
col1 bit P0.0
col2 bit P0.1
col3 bit P0.2
col4 bit P0.3
;
keybounc equ 71h
keyport equ P0


      org 00h

          chamar Init_lcd

;
write_char:
    mov dptr,#word1 ;DPTR = [ palavra de endereço1 ]
    mov r3,#16 ;    R3=16,número de caracteres a exibir
    mov r1,#80h ;   R1=80h,endereço posição inicial DDRAM
 acall Write_inst
;
write1:clr a       ; A = 0
 movc a,@a+dptr ; A = [A+ DPTR]
    mov r1,A     ; R1 = A
 inc dptr ; DPTR = DPTR +1
 acall Write_data;
 djnz r3,write1 ; R3 = R3-1,

;


Teclado_pad: chamar keypad4x4 ;chamar keypad4x4 de sub-rotina
    Movimento A,R7                       ;A = dados-chave
 Cjne A,#0FFh,WrLCD;
 sjmp Key_pad     ;LOOPING FOREVER PART 1
;
WrLCD: chamar Init_lcd
    Mov R1,#80h ;    Escolher DDRAM 1ª fila e 1ª coluna
    call write_inst
    Mov R1,A
    call write_data ;escrever dados
 Sjmp Key_pad      ;LOOPING FOREVER PART 2
;
Init_lcd:
   mov r1,#00000001b ;Mostrar claro
 acall write_inst ;
   mov r1,#00111000b ;Conjunto de funções,
;Dados 8 bit,2 fonte de linha 5x7
```

```asm
acall write_inst ;
    mov r1,#00001100b ;Mostrar em,
;cursor desligado,cursor a piscar
acall write_inst
    mov r1,#00000110b ;Modo de entrada, Definir incremento
acall write_inst
    ret
;
Write_inst:
 clr P3.5 ; RS = P2.0 = 0, instrução de modo de escrita
    mov P2,R1 ; D7 s/d D0 = P0 = R1
setb P3.4 ; PT = 1 = P2.1
    atraso de chamada; tempo de atraso de chamada
clr P3.4 ; PT = 0 = P2.1
    ret
;
Write_data:
 setb P3.5 ; RS = P2.0 = 1, dados do modo de escrita
    mov P2,R1 ; D7 s/d D0 = P0 = R1
setb P3.4 ; PT = 1 = P2.1
    atraso de chamada; tempo de atraso de chamada
clr p3.4 ; PT = 0 = P2.1
    ret
;
atraso: mov R0,#0
atraso1:mov R2,#50
 djnz R2,$
 djnz R0,delay1
    ret
;
;===================================
; teclado de digitalização de sub-rotinas 4x4
;===================================
Teclado4x4:
    mov keybounc,#50     ; keybounc = 50
    mov keyport,#0FFh    ; keyport=P3= FF, inut port
clr col1        col1= P3.0 = 0
Detect:jb row1,key1 ;       salte para Key1 se row1=1
 djnz keybounc,Detectar
    mov R7,#'0';0h     ; Keydata =00h
    ret
;
tecla1: jb linha2,tecla2 ;       saltar para a tecla2 se linha2=1
 djnz keybounc,key1
    mov R7,#'4';h     Keydata = 04h
    ret
;
chave2: jb linha3,chave3        ; idem
 djnz keybounc,key2
    mov R7,#'8';08h
    ret
;
chave3: jb linha4,chave4        ; idem
 djnz keybounc,key3
    mov R7,#'C';0Ch
    ret
;
chave4: setb col1
 clr col2
```

```asm
 jb linha1,key5
 djnz keybounc,key4
     mov R7,#'1';01h
     ret
;
chave5: jb linha2,chave6
 djnz keybounc,key5
     mov R7,#'5';05h
     ret
;
chave6: jb linha3,chave7
 djnz keybounc,key6
     mov R7,#'9';09h
     ret
;
chave7: jb row4,key8
 djnz keybounc,key7
     mov R7,#'D';0Dh
     ret
;
chave8: setb col2
 clr col3
 jb linha1,key9
 djnz keybounc,key8
     mov R7,#'2';02h
     ret
;
key9: jb row2,keyA
 djnz keybounc,key9
     mov R7,#'6';06h
     ret
;
keyA: jb row3,keyB
 djnz keybounc,keyA
     mov R7,#'A';0Ah
     ret
;
keyB: jb row4,keyC
 djnz keybounc,keyB
     mov R7,#'E';0Eh
     ret
;
keyC: setb col3
 clr col4
 jb linha1,keyD
 djnz keybounc,keyC
     mov R7,#'3';03h
     ret
;
keyD: jb row2,keyE
 djnz keybounc,keyD
     mov R7,#'7';07h
     ret
;
keyE: jb row3,keyF
 djnz keybounc,keyE
     mov R7,#'B';0Bh
     ret
;
```

```asm
keyF: jb row4,Nokey
 djnz keybounc,keyF
     mov R7,#'F';0Fh
     ret
Nokey:mov R7,#0FFh
     ret
;==============================
;O fim da sub-rotina Teclado 4x4
;==============================

palavra1: DB ' LUTFOR RAHMAN '; aqui estão os dados a pesquisar
;
Fim
```

/* Código para 4*4 Teste de módulo de teclado */

;a seguinte experiência é utilizada para digitalizar
;teclado 4x4 e resultado da varredura será liberado
;para Caracteres LCD
linha1 bit P0.4
linha2 bit P0.5
linha3 bit P0.6
row4 bit P0.7
col1 bit P0.0
col2 bit P0.1
col3 bit P0.2
col4 bit P0.3
;
keybounc equ 71h
keyport equ P0

     org 00h

          chamar Init_lcd

;
write_char:
     mov dptr,#word1 ;DPTR = [palavra de endereço1]
     mov r3,#16 ;   R3=16,número de caracteres a exibir
     mov r1,#80h ;   R1=80h,endereço posição inicial DDRAM
 acall Write_inst
;
write1:clr a   ; A = 0
 movc a,@a+dptr ; A = [A+ DPTR]
     mov r1,A   ; R1 = A
 inc dptr ; DPTR = DPTR +1
 acall Write_data;
 djnz r3,write1 ; R3 = R3-1,

;

Teclado_pad: chamar keypad4x4 ;chamar keypad4x4 de sub-rotina
     Movimento A,R7   ;A = dados-chave
 Cjne A,#0FFh,WrLCD;
 sjmp Key_pad   ;LOOPING FOREVER PART 1
;
WrLCD: chamar Init_lcd
     Mov R1,#80h ;   Escolher DDRAM 1ª fila e 1ª coluna
     call write_inst
     Mov R1,A
     call write_data ;escrever dados
 Sjmp Key_pad   ;LOOPING FOREVER PART 2
;
Init_lcd:
   mov r1,#00000001b ;Mostrar claro
 acall write_inst ;
   mov r1,#00111000b ;Conjunto de funções,
 ;Dados 8 bit,2 fonte de linha 5x7
 acall write_inst ;
   mov r1,#00001100b ;Mostrar em,

```asm
;cursor desligado,cursor a piscar
acall write_inst
   mov r1,#00000110b ;Modo de entrada, Definir incremento
acall write_inst
   ret
;
Write_inst:
 clr P3.5 ; RS = P2.0 = 0, instrução de modo de escrita
   mov P2,R1 ; D7 s/d D0 = P0 = R1
 setb P3.4 ; PT = 1 = P2.1
   atraso de chamada; tempo de atraso de chamada
 clr P3.4 ; PT = 0 = P2.1
   ret
;
Write_data:
 setb P3.5 ; RS = P2.0 = 1, dados do modo de escrita
   mov P2,R1 ; D7 s/d D0 = P0 = R1
 setb P3.4 ; PT = 1 = P2.1
   atraso de chamada; tempo de atraso de chamada
 clr p3.4 ; PT = 0 = P2.1
   ret
;
atraso: mov R0,#0
atraso1:mov R2,#50
 djnz R2,$
 djnz R0,delay1
     ret
;
;===================================
; teclado de digitalização de sub-rotinas 4x4
;===================================
Teclado4x4:
     mov keybounc,#50    ; keybounc = 50
     mov keyport,#0FFh    ; keyport=P3= FF, inut port
 clr col1       col1= P3.0 = 0
Detect:jb row1,key1 ;      salte para Key1 se row1=1
 djnz keybounc,Detectar
     mov R7,#'0';0h    ; Keydata =00h
     ret
;
tecla1: jb linha2,tecla2 ;      saltar para a tecla2 se linha2=1
 djnz keybounc,key1
     mov R7,#'4';h    Keydata = 04h
     ret
;
chave2: jb linha3,chave3       ; idem
 djnz keybounc,key2
     mov R7,#'8';08h
     ret
;
chave3: jb linha4,chave4       ; idem
 djnz keybounc,key3
     mov R7,#'C';0Ch
     ret
;
chave4: setb col1
 clr col2
 jb linha1,key5
 djnz keybounc,key4
```

```
        mov R7,#'1';01h
        ret
;
chave5: jb linha2,chave6
 djnz keybounc,key5
        mov R7,#'5';05h
        ret
;
chave6: jb linha3,chave7
 djnz keybounc,key6
        mov R7,#'9';09h
        ret
;
chave7: jb row4,key8
 djnz keybounc,key7
        mov R7,#'D';0Dh
        ret
;
chave8: setb col2
 clr col3
 jb linha1,key9
 djnz keybounc,key8
        mov R7,#'2';02h
        ret
;
key9: jb row2,keyA
 djnz keybounc,key9
        mov R7,#'6';06h
        ret
;
keyA: jb row3,keyB
 djnz keybounc,keyA
        mov R7,#'A';0Ah
        ret
;
keyB: jb row4,keyC
 djnz keybounc,keyB
        mov R7,#'E';0Eh
        ret
;
keyC: setb col3
 clr col4
 jb linha1,keyD
 djnz keybounc,keyC
        mov R7,#'3';03h
        ret
;
keyD: jb row2,keyE
 djnz keybounc,keyD
        mov R7,#'7';07h
        ret
;
keyE: jb row3,keyF
 djnz keybounc,keyE
        mov R7,#'B';0Bh
        ret
;
keyF: jb row4,Nokey
 djnz keybounc,keyF
```

```
    mov R7,#'F';0Fh
    ret
Nokey:mov R7,#0FFh
    ret
;==============================
;O fim da sub-rotina Teclado 4x4
;==============================

palavra1: DB ' LUTFOR RAHMAN '; aqui estão os dados a pesquisar
;
fim
```

/* Código para teste de exibição de 7 segmentos */

```
org 00h
mov p2,#00h
principal:
mov r0,#10
mov dptr,#num
aqui: clr a
movc a,@a+dptr
mov p2,a
inc dptr
atraso de chamada
atraso de chamada
atraso de chamada
djnz r0, aqui
sjmp principal
atraso:        mov r5,#0ffh
laço:   nop
        nop
        mov r4,#0ffh
 djnz r4,$
        nop
 djnz r5,loop
 ret
ORG 200H
num: DB 0C0h,0f9h,0A4h,0B0h,99h,92h,82h,0f8h,80h,90h
FIM
```

/* Teste de visualização de matriz de pontos */

```
ORG    000H
INICIAR:
MOV    DPTR,#TABLE
MOV    R2, #01000000b
MOV    R1, #0
PRÓXIMO:
MOV    A, R1
MOVC A, @A+DPTR
MOV    P3, A
MOV    A, R2
MOV    P1, A
ATRASO DE CHAMADA
RR     A
MOV    R2, A
INC    R1
CJNE   ,NEXT
JMPSTART
; ---------------------------
; DELAY          0.1s
; ---------------------------

ATRASO:
MOV    R6, #2
DL1:
MOV    R7, #249
DJNZ R7,$
DJNZ R6, DL1
RET

TABELA: DB    3EH, 48H, 88H, 88H, 48H, 3EH

FIM
```

/* Mostrar o valor do teclado para o LCD   */

```
;a seguinte experiência é utilizada para digitalizar
;teclado 4x4 e resultado da varredura será liberado
;para Caracteres LCD
linha1 bit P0.4
linha2 bit P0.5
linha3 bit P0.6
row4 bit P0.7
col1 bit P0.0
col2 bit P0.1
col3 bit P0.2
col4 bit P0.3
;
keybounc equ 71h
keyport equ P0


      org 00h

            chamar Init_lcd

;
write_char:
    mov dptr,#word1 ;DPTR = [ palavra de endereço1 ]
    mov r3,#16 ;     R3=16,número de caracteres a exibir
    mov r1,#80h ;    R1=80h,endereço posição inicial DDRAM
 acall Write_inst
;
write1:clr a       ; A = 0
 movc a,@a+dptr ; A = [A+ DPTR]
    mov r1,A      ; R1 = A
 inc dptr ; DPTR = DPTR +1
 acall Write_data;
 djnz r3,write1 ; R3 = R3-1,

;


Teclado_pad: chamar keypad4x4 ;chamar keypad4x4 de sub-rotina
    Movimento A,R7                            ;A = dados-chave
 Cjne A,#0FFh,WrLCD;
 sjmp Key_pad      ;LOOPING FOREVER PART 1
;
WrLCD: chamar Init_lcd
    Mov R1,#80h ;     Escolher DDRAM 1ª fila e 1ª coluna
    call write_inst
    Mov R1,A
    call write_data ;escrever dados
 Sjmp Key_pad      ;LOOPING FOREVER PART 2
;
Init_lcd:
   mov r1,#00000001b ;Mostrar claro
 acall write_inst ;
   mov r1,#00111000b ;Conjunto de funções,
 ;Dados 8 bit,2 fonte de linha 5x7
 acall write_inst ;
```

```
    mov r1,#00001100b ;Mostrar em,
;cursor desligado,cursor a piscar
acall write_inst
    mov r1,#00000110b ;Modo de entrada, Definir incremento
acall write_inst
    ret
;
Write_inst:
 clr P3.5 ; RS = P3.5 = 0, instrução de modo de escrita
    mov P2,R1 ; D7 s/d D0 = P2 = R1
setb P3.4 ; PT = 1 = P3.4
    atraso de chamada; tempo de atraso de chamada
 clr P3.4 ; PT = 0 = P3.4
    ret
;
Write_data:
 setb P3.5 ; RS = P3.5 = 1, dados do modo de escrita
    mov P2,R1 ; D7 s/d D0 = P2 = R1
setb P3.4 ; PT = 1 = P3.4
    atraso de chamada; tempo de atraso de chamada
 clr p3.4 ; PT = 0 = P3.4
    ret
;
atraso: mov R0,#0
atraso1:mov R2,#50
 djnz R2,$
 djnz R0,delay1
    ret
;
;=================================
; teclado de digitalização de sub-rotinas 4x4
;=================================
Teclado4x4:
    mov keybounc,#50    ; keybounc = 50
    mov keyport,#0FFh   ; keyport=P0= FF, porta de entrada
 clr col1        col1= P0.0 = 1
Detect:jb row1,key1 ;      salte para Key1 se row1=1
 djnz keybounc,Detectar
    mov R7,#'1';01h    ; Keydata =01h
    ret
;
tecla1: jb linha2,tecla2 ;       saltar para a tecla2 se linha2=1
 djnz keybounc,key1
    mov R7,#'2';02h     ; Keydata = 02h
    ret
;
chave2: jb linha3,chave3        ; idem
 djnz keybounc,key2
    mov R7,#'3';03h
    ret
;
chave3: jb linha4,chave4        ; idem
 djnz keybounc,key3
    mov R7,#'A';0Ah
    ret
;
chave4: setb col1
 clr col2
 jb linha1,key5
```

```
    djnz keybounc,key4
        mov R7,#'4';04h
        ret
;
chave5: jb linha2,chave6
    djnz keybounc,key5
        mov R7,#'5';05h
        ret
;
chave6: jb linha3,chave7
    djnz keybounc,key6
        mov R7,#'6';06h
        ret
;
chave7: jb row4,key8
    djnz keybounc,key7
        mov R7,#'B';0Bh
        ret
;
chave8: setb col2
    clr col3
    jb linha1,key9
    djnz keybounc,key8
        mov R7,#'7';07h
        ret
;
chave9: jb linha2,chave10
    djnz keybounc,key9
        mov R7,#'8';08h
        ret
;
chave10: jb linha3,chave11
    djnz keybounc,key10
        mov R7,#'9';09h
        ret
;
chave11: jb row4,key13
    djnz keybounc,key11
        mov R7,#'C';0Ch
        ret
;
chave13: setb col3
    clr col4
    jb linha1,key14
    djnz keybounc,key13
        mov R7,#'*';
        ret
;
chave14: jb linha2,chave15
    djnz keybounc,key14
        mov R7,#'0';00h
        ret
;
chave15: jb linha3,chave16
    djnz keybounc,key15
        mov R7,#'#';
        ret
;
chave16: jb row4,Nokey
```

```
djnz keybounc,key16
    mov R7,#'D';0Dh
    ret
Nokey:mov R7,#0FFh
    ret
```



```
palavra1: DB ' IICT, BUET    '; aqui estão os dados a pesquisar
:
Fim
```

/* Testes ADC */

centenas igual a 30h
dezenas   igual a 31h
as   iguais a 32h

```
    org 00h
        mov P1,#0ffh
    call init_LCD
começar:
    ligar para o ADC
    chamar Bin2Dec
        call write_char
    chamar Write2LCD
sjmp start
;
;===================================================
;esta sub-rotina é utilizada para obter dados do ADC e
;mantenha-se no Acumulador
;===================================================
ADC:    mov A,P1
 nop
 nop
    ret
;
;=====================================================
;esta sub-rotina é utilizada para imprimir dados decimais para LCD
;carácter 2 x16 no endereço DDRAM 0C9 0CA 0CB cada para
;centenas, dezenas, e uns
;=====================================================
Write2LCD:
    mov r1,#0c9h
    call write_inst
    mov a,centenas
    adicionar a,#30h
    mov r1,a
    call write_data
;
    mov r1,#0cah
    call write_inst
    mov a,dezenas
    adicionar a,#30h
    mov r1,a
    call write_data
;
    mov r1,#0cbh
    call write_inst
    mova a,uns
    adicionar a,#30h
    mov r1,a
    call write_data
    ret
;
;=====================================================
;esta sub-rotina é utilizada para converter dados binários do ADC
;tornar-se decimal 3 dígitos
;=====================================================
Bin2Dez:
    mov b,#100d
```

```
        div ab
        mover centenas,a
        mov a,b
        mov b,#10d
        div ab
        mov dezenas,a
        mova os,b
        ret
;
write_char:
        mov dptr,#word1 ;DPTR = [ palavra de endereço1 ]
        mov r3,#16 ;    R3=16,número de caracteres a exibir
        mov r1,#80h ;   R1=80h,endereço posição inicial DDRAM
 acall write_inst
;
write1:clr a        ; A = 0
 movc a,@a+dptr ; A = [A+ DPTR]
        mov r1,A    ; R1 = A
inc dptr ; DPTR = DPTR +1
acall write_data;
djnz r3,write1 ; R3 = R3-1,
        ret
;
init_LCD:
    mov r1,#00000001b ;Mostrar claro
 acall write_inst ;
    mov r1,#00111000b ;Conjunto de funções,
;Dados 8 bit,2 fonte de linha 5x7
acall write_inst ;
    mov r1,#00001100b ;Mostrar em,
;cursor desligado,cursor a piscar
acall write_inst
    mov r1,#00000110b ;Modo de entrada, Definir incremento
acall write_inst
    ret
;
write_inst:
 clr P3.5 ; RS = P3.5 = 0, instrução de modo de escrita
    mov P2,R1 ; D7 s/d D0 = P2 = R1
 setb P3.4 ; PT = 1 = P3.4
    atraso de chamada; tempo de atraso de chamada
 clr P3.4 ; PT = 0 = P3.4
    ret
;
write_data:
 setb P3.5 ; RS = P3.5 = 1, dados do modo de escrita
    mov P2,R1 ; D7 s/d D0 = P2 = R1
 setb P3.4 ; PT = 1 = P3.4
    atraso de chamada; tempo de atraso de chamada
 clr p3.4 ; PT = 0 = P3.4
    ret
;
atraso: mov R0,#0
atraso1:mov R2,#0fh
 djnz R2,$
 djnz R0,delay1
    ret
palavra1: DB ' Dados ADC0804 '
fim
```

/* Comunhão Serila */

```
org 00h
    mov TMOD,#20h
    mov TH1,#-3
    mov SCON,#50h


 setb tr1

        mov dptr,#msg
linha:
clr a
movc a,@a+dptr
jz final2
lcall tran
linha sjmp

final2:      sjmp $


tran:
mov SBUF,a

         JNB TI,$
 CLR TI
 inc dptr
         ret

org 23h
msg:
db " IICT, BUET ",0


fim
```

/* Teste do motor CC usando o Módulo do Motor */


```
org 00h
setb p1.7 ; sw
novamente: jb p1.7, over ;salto se p1.7=1
setb p2.0
clr p2.1 ; sw=0
sjmp novamente ;continuar a monitorizar
sobre: clr p2.0
        setb p2.1
        sjmp novamente; continuar a monitorizar
        fim
```

/* Dot Matrix */


```
ORG   000H
INICIAR:
MOV   DPTR,#TABLE
MOV   R2, #01000000b
MOV   R1, #0
PRÓXIMO:
MOV   A, R1
MOVC A, @A+DPTR
MOV   P3, A
MOV   A, R2
MOV   P1, A
ATRASO DE CHAMADA
RR    A
MOV   R2, A
INC   R1
CJNE  ,NEXT
JMPSTART
; ----------------------------
; DELAY          0.1s
; ----------------------------

ATRASO:
MOV   R6, #2
DL1:
MOV   R7, #249
DJNZ R7,$
DJNZ R6, DL1
RET

TABELA: DB   3EH, 48H, 88H, 88H, 48H, 3EH

FIM
```

```
/* Teste de motor passo-a-passo */

org 0H

stepper equ P1

principal:
     mov stepper, #01H
 atraso de chamada

     mov stepper, #02H
 atraso de chamada

 sjmp principal

atraso:
     mov r7,#4
espera2:
     mov r6,#066H
esperar1:
     mov r5,#0FFH
esperar:
 djnz r5,espera
 djnz r6,wait1
 djnz r7,wait2
     ret
     fim
```

I want morebooks!

Buy your books fast and straightforward online - at one of world's fastest growing online book stores! Environmentally sound due to Print-on-Demand technologies.

Buy your books online at
www.morebooks.shop

Compre os seus livros mais rápido e diretamente na internet, em uma das livrarias on-line com o maior crescimento no mundo! Produção que protege o meio ambiente através das tecnologias de impressão sob demanda.

Compre os seus livros on-line em
www.morebooks.shop

KS OmniScriptum Publishing
Brivibas gatve 197
LV-1039 Riga, Latvia
Telefax: +371 686 204 55

info@omniscriptum.com
www.omniscriptum.com

Printed by Books on Demand GmbH, Norderstedt / Germany